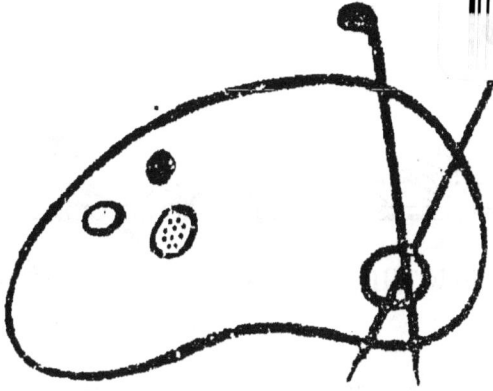

Couvertures supérieure et inférieure
en couleur

BIBLIOTHÈQUE DES ÉCOLES CHRÉTIENNES

3ᵉ SÉRIE

LA

CLOCHE CASSÉE

PAR

JUST GIRARD

TOURS

Aᵈ MAME ET Cⁱᵉ, IMPRIMEURS-LIBRAIRES

BIBLIOTHÈQUE DES ÉCOLES CHRÉTIENNES. — 3e SÉRIE.

Adèle, ou l'honnête Ouvrière, histoire contemporaine.
Ambition et Simplicité, par Mme Césarie Farrenc.
Ange de Charité (l'), par Mlle Rose Sennet.
Angèle, par Marie S. Leroyer de Chantepie.
Aventures (les) du cousin Jacques, par Just Girard.
Blanche et Isabelle, par Théophile Ménard.
Cloche cassée (la), par Just Girard.
Clotilde de Bellefonds, par Stéphanie Ory.
Comtesse de Mercœur (la), par Stéphanie Ory.
Dots (les), par Eugène Nyon.
Écolier vertueux (l'), par M. l'abbé Proyart.
Expéditions portugaises aux Indes Orientales, par L. Candau.
François, ou les Dangers de l'indécision, par Just Girard.
Génie de Buffon, par un ecclésiastique.
Gloire et Noblesse, par Eugène Nyon.
Hélène, par Mme Grandsart.
Henriette de Saint-Gervais, par Mme la Csse de la Rochère.
Hermance, ou l'Éducation chrétienne, par M. l'abbé P.
Huit jours de pluie, par Mme Th. Midy.
Jean-Pierre, ou Une bonne première Communion.
Leçons d'une Mère (les), par Charles Malo.
Léon et Alice, par Théophile Ménard.
Madone de la forêt (la), par Marie Muller.
Mathilde et Marthe, par Mme Valentine Vattier.
Passeur de Marmoutier (le), par Just Girard.
Paul Davadan, par Just Girard.
Père Tropique (le), ou la première Campagne de Pierre Maulny.
Petit Homme noir (le), ou Ne défigurez pas l'image de Dieu.
Pierre Chauvelot, par Just Girard.
Pieuse Paysanne (la), ou Vie de Louise Deschamps.
Recueil de contes moraux à l'usage des jeunes filles.
Sabotier de Marly (le), épisode de la jeunesse de Louis XIV.
Scènes instructives et amusantes, par Léon Forster.
Sidonie, ou Orgueil et Repentir, par Mme Valentine Vattier.
Souvenirs de Charité, par le comte de Falloux.
Souvenirs des temps Mérovingiens, par J.-J.-E. Roy.
Souvenirs du Sacré-Cœur de Paris.
Théodule, ou l'Ami des malheureux, par Mme C. Farrenc.
Trois Nouvelles, par l'abbé Paul Jouhanneaud.
Turenne (histoire de), par l'abbé Raguenet.
Une Famille Créole, par Just Girard.
Une Vertu par Histoire, par Mme Th. Midy.
Vacances à Fontainebleau (les), par Mme Camille Lebrun.
Vengeance Chrétienne (la).
Voyages dans l'Hindoustan, par E. Garnier.
Voyages et Découvertes en Océanie, par N.-A. Kubalski.
Yvonne, ou la Foi récompensée, légende bretonne.

BIBLIOTHÈQUE

DE LA

JEUNESSE CHRÉTIENNE

APPROUVÉE,

PAR Mgr L'ARCHEVÊQUE DE TOURS

—

4e SÉRIE IN-12

On jonchait de feuillage et de fleurs le chemin par où devait
passer la procession. (P. 55.)

LA
CLOCHE CASSÉE

PAR

JUST GIRARD

—

HUITIÈME ÉDITION

TOURS

ALFRED MAME ET FILS, ÉDITEURS

—

1877

LA
CLOCHE CASSÉE

—◆—

I

Une veillée villageoise.

Un soir du mois de novembre 183...,
après une journée froide et brumeuse, on
était réuni pour la veillée chez la maîtresse
Bernier, une des principales fermières du
village de Prosny, en Bourgogne. L'assemblée comptait, outre les habitants de la
ferme, une dizaine de femmes et de jeunes
filles du voisinage, ce qui, avec la fermière,
ses quatre enfants, ses deux servantes
et deux garçons de labour, formait une

vingtaine de personnes ; on attendait encore
M. Pascal, l'instituteur de la commune,
et sa femme, qui tenait la classe des jeunes
filles et des tout petits garçons. Le maître
Bernier était absent cette soirée : il était
allé à Dijon vendre une voiture de blé
pour achever de payer son fermage au propriétaire, et il ne devait revenir que le lendemain.

La plupart des personnes qui compo-
saient cette réunion étaient occupées à teil-
ler le chanvre de la dernière récolte, à l'exception de la maîtresse Bernier, qui filait
au rouet, de deux femmes âgées qui trico-
taient des bas de laine pour l'hiver, et de
Pierre, le plus jeune des fils de la fermière,
garçon d'une douzaine d'années, à l'œil vif
et à la mine éveillée et intelligente. Pour
lui, quoiqu'il ne prît point de part au travail commun, il n'était pas le moins occupé
de la société ; il était chargé d'entretenir,
avec les chènevottes que lui fournissaient

les teilleuses, un feu clair et brillant sous une marmite dans laquelle cuisaient des châtaignes destinées à la collation du soir; mais comme un feu de chènevottes n'a guère plus de durée qu'un feu de paille, ce n'était pas petite besogne que de l'alimenter d'une manière convenable et continue.

Souvent ces réunions étaient égayées par les chansons des jeunes filles, ou par des noëls bourguignons que la mère Michelin, l'une des tricoteuses, entonnait d'une voix chevrotante, et dont on répétait en chœur le refrain; ou bien encore, au lieu de chants, on écoutait avidement le récit de quelques légendes chevaleresques dans lesquelles les fées, la *vouivre* à l'œil d'escarboucle (1) et les sorciers ne manquaient

(1) La *vouivre* était un animal fantastique qui habitait les cavernes ou les souterrains des vieux châteaux. On la représente comme un dragon ou serpent ailé, ayant au milieu du front une escarboucle qui lui sert d'œil et lui permet de voir au milieu des ténèbres. Cet animal figure quelquefois dans les armoiries sous le nom de *guibre*.

pas de jouer un rôle. Mais ce soir-là personne ne songeait à chanter, et le récit des
prouesses de Roland ou de Charles le Té-
méraire n'aurait pas trouvé un senl audi-
teur attentif.

Il fallait que quelque chose de bien grave
préoccupât l'esprit de ces braves gens, pour
leur faire changer ainsi les habitudes de
leurs soirées. Or voici quel était l'événement qui affectait péniblement, non-seulement les personnes réunies chez la maîtresse Bernier, mais toute la population du
village. L'avant-veille, un dimanche, pendant que l'on sonnait les vêpres, l'unique
cloche de la paroisse, la *Philippine*, comme
on l'appelait, était tombée du beffroi ou
charpente qui la supportait, et s'était brisée.

Elle avait reçu le nom de *Philippine*
parce que, selon la tradition, elle avait été
donnée à l'église de Prosny par Philippe
le Bon, duc de Bourgogne, fait qui était
constaté, disait-on, par les armoiries de ce

prince, que l'on voyait autrefois sur les parois extérieures de la cloche, et qui avaient été effacées pendant la révolution.

Mais ce n'était pas cette noble origine qui la rendait plus précieuse à la plupart des habitants. N'était-elle pas comme la voix de l'ange de la prière, qui depuis tant de siècles avait appelé les fidèles à la maison du Seigneur? De combien de générations n'avait-elle pas annoncé la naissance et la mort? Et maintenant on n'entendrait plus son joyeux carillon chanter aux baptêmes et aux mariages, ni son tintement lugubre quand elle sonnait le glas funèbre des morts.

A ces causes bien naturelles de regret se joignait une question moins sentimentale, mais toutefois d'une haute importance. Comment remplacera-t-on la cloche cassée? Il fallait pour cela de l'argent, beaucoup d'argent, et la commune était pauvre, si pauvre même, qu'elle n'avait pu trouver,

depuis plusieurs années que le beffroi me-
naçait ruine, la modique somme qui, dans
l'origine, eût été nécessaire pour le répa-
rer, et par conséquent pour prévenir l'accident qui venait d'arriver; comment pour-
rait-elle aujourd'hui se procurer la somme
bien autrement considérable qu'il faudrait,
non-seulement pour reconstruire à neuf
cette charpente, mais pour racheter une
cloche, ou faire fondre l'ancienne?

Depuis deux jours le conseil de fabrique
et le conseil municipal étaient assemblés
pour résoudre cette grande question, et
tout le monde attendait avec impatience le
résultat de leurs délibérations.

C'était donc cet événement et cette
question qui faisaient le sujet de la conversation à la veillée de la maîtresse Bernier,
lorsque deux nouvelles habituées entrèrent
dans la vaste cuisine où se tenait la réunion. « Bonsoir, maîtresse Bernier et la
compagnie, dit la plus âgée des deux arri-

vantes; nous sommes un peu en retard,
mais ce n'est pas notre faute : figurez-vous
que j'étais toujours à attendre sonner l'*Angelus,* quand ma fille m'a dit : Vous oubliez
donc, mère, que la cloche est cassée?...
C'est vrai que je ne puis pas m'y habituer,
et que je suis toute désorientée... Alors
nous nous sommes mises en route sans
perdre de temps, et nous voilà.

— Vous êtes toujours les bienvenues,
mère Richard, vous et votre fille, à quelque
heure que vous veniez, répondit la fermière. Il est certain que ce malheureux accident dérange toutes les habitudes, et c'est
ce dont nous parlions au moment de votre
arrivée; mais votre fille a dû y être plus
sensible encore qu'une autre, puisqu'elle a
nom Philippine, et qu'elle appelait toujours
la cloche sa marraine.

— Ah! ne m'en parlez pas; elle en a
pleuré que je ne pouvais pas la consoler,
et elle attendait avec impatience le mo-

ment de venir à la veillée pour se distraire un peu avec Thérèse, sa bonne amie. »

Thérèse était la fille cadette de la maîtresse Bernier. Elle avait près de quatorze ans, et elle était effectivement l'amie intime de Philippine Richard, de même âge qu'elle. Aussi, dès que cette dernière fut entrée, Thérèse courut à sa rencontre, l'embrassa et l'emmena auprès d'elle dans un groupe formé de cinq ou six petites filles de douze à quinze ans. Là, peut-être, on regrettait les chants et les contes ordinaires de la veillée, et l'on s'en dédommageait par des chuchotements à voix basse, mêlés de rires étouffés que réprimait encore un regard de la maîtresse Bernier quand ils devenaient trop bruyants.

Mais bientôt ces chuchotements et ces rires cessèrent, et il se fit un profond silence quand M. Pascal et sa femme parurent enfin dans l'assemblée.

II

L'instituteur et l'institutrice.

M. Pascal était un homme d'une cin-
quantaine d'années, d'une taille au-dessus
de la moyenne et bien proportionnée. Il
avait fait une partie de ses classes dans
un petit séminaire ; mais avant de les
avoir terminées, il avait été appelé par le
sort à l'état militaire. Il avait servi sept
ans d'une manière honorable, et quand
il avait pris son congé, il était sergent-
major.

De retour à Prosny, son pays natal, il
avait épousé une jeune orpheline, fille de
l'ancien maître d'école de la commune, qui

avait donné à Pascal les premières leçons de lecture et d'écriture.

Comme cette jeune fille avait reçu de son père une assez bonne éducation, elle faisait depuis quelque temps la classe des petites filles, et avait remplacé sa mère, chargée auparavant de cette besogne, que malheureusement elle n'était guère en état de remplir.

Nous avertirons, à cette occasion, nos jeunes lecteurs, que la commune de Prosny était si pauvre, qu'elle n'avait pas le moyen de payer une institutrice, et que la femme du maître d'école était chargée de droit de la classe des filles, sans augmentation de traitement de la part de la commune, mais aussi sans qu'on s'informât de sa capacité. D'ailleurs, à l'époque dont nous parlons, l'instruction primaire était complétement négligée par l'autorité supérieure, surtout dans les campagnes, où elle était souvent abandonnée à la merci du premier venu qui se présentait pour l'exploiter. Bon nombre de villages manquaient même d'écoles, et les enfants étaient obligés d'aller quelquefois à quatre kilomètres et plus chercher la nourriture de l'instruction, qui leur était si chétivement distribuée.

Quand il fut marié, on proposa à M. Pascal de remplacer son beau-père. Il accepta, quoique le poste ne fût pas brillant; mais il n'avait pas d'ambition, et il pensa que les faibles émoluments de son emploi, joints aux produits de quelques arpents de terre qu'il possédait par l'héritage de sa famille, suffiraient à le faire vivre.

Il y a des gens qui sont au-dessous de leur état, soit parce qu'ils manquent des connaissances nécessaires pour l'exercer, soit parce que, tout en étant pourvus de ces connaissances, comme cet état leur déplaît, ils n'en remplissent les devoirs que négligemment et avec indifférence. Il n'en était pas ainsi de Pascal : doué d'une instruction

bien supérieure à celle qui eût été nécessaire à un modeste instituteur primaire, il
se voua avec zèle à l'éducation de ses jeunes
compatriotes, tous enfants de ses parents ou
de ses amis. Pendant qu'il était au service,
il avait été longtemps *moniteur* à l'école
régimentaire, et il y avait puisé pour l'en-
seignement un goût et une aptitude qui lui
rendaient facile et agréable la tâche qu'il
s'était imposée. Ajoutons qu'il avait toujours conservé, même à l'armée, les principes religieux dans lesquels il avait été
élevé au petit séminaire, et qu'il avait
puisé dans l'état militaire une habitude
encore plus stricte d'ordre et de régularité.

Il ne se contenta pas de diriger d'une
manière remarquable l'école des garçons
qui lui était confiée ; il voulut que l'école
des filles, tenue par sa femme, ne fût pas
inférieure à la sienne. Pour y parvenir, il
résolut de compléter l'instruction et l'é-

ducation de sa jeune femme, de manière à la rendre parfaitement capable de remplir ses fonctions d'institutrice.

Mme Pascal, qui avait déjà reçu de bons principes, entra avec joie et avec zèle dans les vues de son mari; son dévouement fit le reste, et bientôt la commune de Prosny se trouva dotée d'une classe de garçons et d'une classe de filles qui faisaient l'honneur de la paroisse et servaient de modèle aux paroisses voisines.

Depuis près de vingt ans que les deux époux exerçaient les fonctions d'instituteur et d'institutrice à Prosny, toute la jeune génération du village avait été élevée par leurs soins d'une manière remarquable, et qui leur avait souvent attiré les éloges des inspecteurs primaires et du comité d'instruction cantonal.

Aucun enfant n'était né de leur mariage. Ils s'en étaient affligés d'abord, puis ils s'en étaient consolés en reportant toute leur affection sur les enfants dont l'éducation leur était confiée. « Dieu a bien fait ce qu'il a fait, disait quelquefois Mme Pascal; s'il nous eût envoyé des enfants, peut-être que les soins que nous leur aurions donnés nous auraient fait négliger nos devoirs envers ceux que notre état nous oblige d'adopter. Il sait mieux que nous ce qui nous convient : que son saint nom soit béni! »

On comprend, d'après ce que nous venons de dire, que M. et Mme Pascal devaient jouir d'une grande considération dans la commune. Le vénérable curé, dont les forces étaient affaiblies par l'âge et les infirmités, trouvait en eux de puissants auxiliaires, soit pour l'instruction religieuse des enfants et leur préparation à la première communion, soit pour l'aider à donner aux cérémonies du culte toute la pompe possible dans une église aussi pauvre.

Le maire avait chargé M. Pascal des

fonctions de secrétaire de la mairie et du conseil municipal ; et jamais les registres de l'état civil ni ceux des délibérations du conseil n'avaient été tenus avec autant de soin et de régularité.

Tous les cultivateurs, tous les chefs de famille, prenaient l'instituteur pour arbitre de leurs différends, et il était rare que ses décisions ne fussent pas acceptées et ne prévinssent souvent de fâcheux procès. Les jeunes gens de l'un et de l'autre sexe avaient pour les époux Pascal une grande affection et un profond respect.

Quand donc ils se présentèrent chez la maîtresse Bernier, il se fit, comme nous l'avons dit, un profond silence, et tout le monde se leva. « Bonsoir, cousine Bernier ; bonsoir, Mesdames, dit en entrant M. Pascal.

— Bonsoir, cousin Pascal ; bonsoir, cousine, » s'empressa de répondre la fermière au mari et à la femme, en leur présentant des chaises.

Nous ferons observer en passant à nos lecteurs qu'un nombre assez considérable des habitants de Prosny étaient parents de l'instituteur à des degrés plus ou moins éloignés, et que tous se faisaient un honneur de l'appeler cousin, et de recevoir de lui ce nom; quant aux autres, ils lui donnaient le titre de Monsieur, et à sa femme celui de Madame.

« Il y a bien longtemps que nous vous attendions, continua la femme Bernier; car nous sommes bien impatients de savoir ce que vous avez décidé au sujet de notre pauvre cloche.

— Hélas! ma chère cousine, répondit l'instituteur en s'asseyant et en poussant un soupir, on n'a rien décidé du tout.

— Comment? mais n'était-ce pas pour cela que le conseil était assemblé? Et alors qu'a-t-on donc fait?

— On a commencé par évaluer approxi-
mativement ce que coûteraient la refonte de
la cloche et la reconstruction du beffroi; on
a reconnu que le tout s'élèverait au moins
à quinze cents francs. Ceci était facile, et ne
pouvait donner lieu à des débats sérieux;
mais quand il s'est agi de savoir où l'on
trouverait cette somme, là ont commencé
les difficultés; car la caisse de la fabrique
est vide, et celle de la commune n'est
guère plus riche. Alors on a proposé diffé-
rents moyens de pourvoir à cette dépense;
mais, après les avoir discutés les uns après
les autres, on a fini par reconnaître qu'ils
étaient tous impraticables, et l'on s'est sé-
paré sans avoir rien arrêté.

— Et comme cela, dit la mère Marcellin, nous voilà condamnés à rester sans
cloche?

— Je crains bien du moins, répliqua
l'instituteur, que nous n'en soyons longtemps privés.

— Mais, cousin, reprit la maîtresse Bernier, n'avait-il pas été question d'une souscription entre tous les habitants de la paroisse?

— Sans doute, et c'était là le moyen le plus raisonnable et sur lequel M. le curé et moi nous comptions le plus; quand on l'a proposé, il a été même accueilli avec faveur, et j'ai cru un instant à un succès facile et complet; mais quand il s'est agi de le mettre à exécution, ç'a été une tout autre affaire. M. le curé, qui assistait à la réunion, a dit : « Comme vous êtes les plus notables habitants de la paroisse, c'est à vous, Messieurs, à montrer l'exemple, et vos concitoyens vous imiteront. Voyez ce que chacun de vous peut s'engager à donner : le secrétaire inscrira immédiatement les noms et la somme pour laquelle chacun aura souscrit; la liste sera ensuite portée dans chaque famille, et dans deux à trois jours nous en connaîtrons le résultat. Pour moi, je m'inscris pour le dixième de mon traitement, c'est-à-dire pour 60 francs, puisque je touche 600 francs. Je voudrais faire mieux, mais cela m'est impossible... »

— Je le crois bien, ce cher brave homme, que cela lui est impossible, interrompit la veuve Richard, quand on pense qu'il ne se laisse rien, et qu'il donne tout aux pauvres !

— Et un pareil exemple n'a pas entraîné tous les autres ? interrogea la maîtresse Bernier.

— Hélas ! non, ma cousine, reprit l'instituteur. Le maire s'est engagé pour vingt francs, l'adjoint pour dix, le père Basaille pour cinq...

— Le père Basaille pour cinq francs ! s'écrièrent à la fois toutes les femmes, lui, le plus riche de la commune..., lui qui pourrait, sans se gêner, donner les quinze cents francs, et même le double, s'il le fal-

lait!... C'est une indignité!... Ah! le vieil
avare!... Il mériterait!...

— Paix, paix, Mesdames, dit en souriant
l'instituteur; ne médisons pas des absents,
et laissez-moi achever mon récit. L'offre du
père Basaille a produit sur le conseil à peu
près le même effet que sur vous; chacun
s'est récrié. L'un disait : « Puisque le père
Basaille souscrit pour cinq francs, moi je
m'engage pour cinq centimes; je donnerai
encore plus que lui en proportion. » Un autre
l'a traité d'usurier... Chacun lui adressait
des reproches; M. le curé a voulu en vain
mettre la paix en disant que l'on ne devait
pas calculer sur ce que les autres donnaient
ou pouvaient donner; on ne l'a pas écouté.
Alors le père Basaille s'est fâché, et il a dit
tout en colère : « Puisque vous le prenez
comme cela, eh bien, je ne donnerai rien
du tout; d'ailleurs je n'ai pas besoin de votre
cloche : qu'est-ce que cela me fait qu'il y
ait une cloche dans le clocher, ou qu'il n'y

en ait pas? Il y a des dépenses bien plus
utiles à la commune que celle-là, et qui ne
coûteraient pas si cher. Si vous voulez rac-
commoder le chemin de la Combe-aux-
Poiriers, je donnerai bien cent francs. —
Pour la cloche? a dit M. le maire en riant.
— Non, pour le chemin. — Je le crois
bien, a répondu un conseiller, tout le do-
maine de la Combe-aux-Poiriers vous appartient; cela doublerait la valeur de votre
propriété, s'il était réparé; et si vous n'étiez
pas si avare, vous l'auriez déjà fait il y a
longtemps à vos frais, car c'est vous seul
que cela intéresse; mais comme cela coû-
terait six cents francs, vous ne seriez pas
fâché d'en faire payer cinq cents à la commune... » Tout le monde se mit à rire, et
il est sorti furieux. De ce moment il n'a
plus été possible de parler de souscription;
en vain M. le curé a voulu ramener la question sur le tapis, chacun disait : « Puisque le
plus riche refuse de donner, je ne vois pas

pourquoi je serais plus généreux que lui. »
Et plus d'un qui n'était peut-être pas fâché
de trouver ce prétexte pour se dispenser de
souscrire, s'est retiré moins mécontent du
père Basaille qu'il ne le paraissait.

« Nous sommes bientôt restés seulement
M. le curé, M. le maire, M. l'adjoint et moi.
« Je maintiens toujours ma souscription, a
dit M. le curé; j'espère que cela fera le
noyau; et vous, monsieur le maire? — Moi
aussi, » a répondu celui-ci. L'adjoint n'a
pas pu se dispenser de dire comme ces messieurs. Cela faisait un total de quatre-vingt-
dix francs. J'ai souscrit moi-même pour dix
francs, afin de compléter la somme de cent
francs. La séance a été levée, et je suis venu
aussitôt ici.

— Eh bien, dit la mère Richard, voilà
toujours cent francs de trouvés; il faut espé-
rer, comme l'a dit notre bon curé, que cela
formera un noyau qui grossira peu à peu et
finira par atteindre un volume convenable.

— Je le désire de tout mon cœur, reprit l'instituteur, mais je ne l'espère guère. Il y a dans la paroisse environ cent cinquante feux ou familles; il faudrait pour arriver à la somme nécessaire que chaque famille donnât dix francs, l'une dans l'autre. Or il y a cinquante familles qui ne pourront ou ne voudront rien donner; cinquante qui ne donneront que peu de chose, deux francs ou trois au plus; trente qui donneront peut-être cinq francs, et vingt au plus qui iront jusqu'à dix. Eh bien, tout cela réuni formera à peine cinq cents francs, et six cents avec la souscription déjà commencée : c'est-à-dire qu'il manquera encore neuf cents francs pour arriver au chiffre indispensable.

— Ah! s'écria la mère Richard, si je n'étais pas si mal nommée, et que je fusse riche en effet, vous n'auriez pas besoin de faire tous ces calculs, monsieur Pascal, et je donnerais de bon cœur tout ce qui serait nécessaire pour couvrir cette dépense.

— Je n'en doute pas, ma chère dame Richard; mais c'est toujours comme cela que les choses arrivent : où il y a bonne volonté il n'y a pas d'argent, et où il y a de l'argent, la volonté manque.

—Il faut aussi remarquer, cousin Pascal, » reprit la maîtresse Bernier, qui craignait peut-être que l'observation du cousin ne fût un peu à son adresse; car, quoique bien brave femme et même très-charitable, elle était fort économe, ce qui la faisait taxer d'avarice par certaines gens; « il faut remarquer que l'argent est fort rare aujourd'hui, et qu'il est bien difficile de s'en procurer. Tenez, voilà nous, par exemple, qui passons pour riches dans le pays : eh bien, nous n'avons pas à l'heure qu'il est dix francs d'argent chez nous. Le peu qu'il y avait ce matin, le maître l'a emporté pour l'aider à payer son fermage; et peut-être cela ne suffira-t-il pas s'il ne vend pas son blé un bon prix. Vous nous direz qu'il

nous en rentre presque à chaque marché;
c'est vrai, mais ça ne reste guère longtemps
chez nous, et ça s'en va plus vite que ça
n'arrive. C'est le percepteur qui réclame
les impôts, c'est le vétérinaire qui envoie
son mémoire, ce sont des ouvriers qui de-
mandent le prix de leur travail, que sais-je?
Toute la journée c'est la même chanson, et
parfois je ne sais où donner de la tête. Enfin
voilà mon Joseph, mon aîné, qui va tirer à
la conscription au mois de mars prochain;
il faudra nous saigner pour le racheter s'il
tombe au sort; encore serons-nous forcés
d'emprunter et de nous mettre dans les
dettes. Certainement je ne demanderais
pas mieux que de souscrire pour une forte
somme afin d'avoir une cloche; mais vous
voyez, cousin, qu'avec la meilleure volonté, et tout en passant pour être fort à
notre aise, quand il s'agit de donner de
l'argent, on est parfois très-embarrassé,
surtout quand il est question d'une dépense

sur laquelle on n'avait compté en aucune façon.

— Mon Dieu, cousine, à qui le dites-vous? reprit l'instituteur; nul mieux que moi ne comprend la gêne dans laquelle se trouvent tous nos cultivateurs, et toutes les lourdes charges qui pèsent sur eux; aussi je n'accuse personne de mauvaise volonté; car, à l'exception d'un seul individu, nul dans la commune n'a d'argent disponible; c'est pourquoi je désespère du succès de notre souscription.

— Ainsi, cousin Pascal, dit Thérèse Bernier, nous voilà donc privés de cloche pour toujours?

— Pour toujours, je ne dis pas; mais probablement pour longtemps, et peut-être pour plusieurs années.

— Et comment fera-t-on, demanda le petit Pierre, qui avait quitté son occupation près de la marmite aux châtaignes pour venir s'asseoir familièrement sur les genoux de son cousin Pascal, dont il était l'élève favori et le filleul; comment fera-t-on, mon parrain, pour annoncer les offices le dimanche, la messe de M. le curé tous les jours, et les enterrements, et les baptêmes, et toutes les fêtes?

— Mon petit ami, répondit M. Pascal, on sera bien obligé de faire comme on faisait autrefois avant l'invention des cloches.

— Comment, mon parrain, est-ce qu'il n'y a pas toujours eu des cloches?

— Non, mon enfant, et dans les premiers siècles du christianisme les cloches étaient encore tout à fait inconnues.

— Eh bien, comment donc qu'on faisait pour annoncer les offices? Quand donc est-ce qu'on a inventé les cloches? Y avait-il des clochers aux églises quand il n'y avait pas de cloches?

— Je voudrais bien répondre à toutes tes questions, mon petit Pierre, dit en riant l'instituteur; mais cela m'entraînerait à une

histoire un peu longue et qui peut-être en-
nuierait ces dames.

— Une histoire! une histoire!... Oh! que
non, mon parrain, cela n'ennuiera personne : au contraire. »

Tout le monde fut de l'avis du petit
Pierre; le groupe des plus jeunes filles, où
se trouvaient Thérèse et Philippine, se rap-
procha de l'instituteur, pour mieux l'entendre.

« Puisque vous le désirez, dit M. Pascal,
je veux bien vous raconter cette histoire;
elle sera peut-être moins amusante qu'une
histoire de chevalerie, mais à coup sûr elle
sera plus instructive. »

Et, sans autre préambule, il commença
ainsi :

III

Les cloches.

« Pendant les persécutions, c'est-à-dire pendant les trois premiers siècles de l'Église, vous comprenez, mes enfants, que les chrétiens, obligés de se cacher pour célébrer leurs mystères, ne faisaient usage d'aucun signal public pour s'appeler aux saints offices. Ils s'avertissaient mutuellement en secret, ou bien dans les assemblées on annonçait publiquement le jour et l'heure de la réunion suivante.

« Lorsque la paix fut donnée à l'Église, sous Constantin, et que les fidèles, au lieu de s'assembler dans des catacombes ou dans des grottes souterraines, eurent construit pour leurs réunions de vastes basiliques, on employa alors un signal public pour convoquer le peuple. C'était le retentissement de planches fort minces frappées avec des maillets, ou bien d'énormes crécelles de bois, dans le genre de celles dont on se sert encore dans les trois derniers jours de la semaine sainte, mais beaucoup plus fortes...

— Ainsi, monsieur Pascal, dit la mère Marcellin, ce sera donc avec des crécelles du vendredi saint, qu'on sera obligé d'annoncer désormais les offices à Prosny?

— Il le faudra bien, ma pauvre mère Marcellin.

— Eh bien, ce sera quelque chose de gai ! moi qui ne pouvais pas supporter d'entendre ce bruit-là pendant trois jours, ce sera agréable d'en être assourdie pendant toute l'année !

— Ce sera surtout aux baptêmes et aux

mariages, observa la veuve Richard, que la crécelle fera bon effet.

— Sans compter, ajouta Thérèse Bernier, que les jeunes filles des villages voisins vont joliment se moquer de nous, nous qui faisions tant les fières de notre chère *Philippine*, parce qu'elle avait la plus belle voix de toutes les cloches de pays d'alentour.

— De quoi vous plaignez-vous, cousine Thérèse? dit en souriant l'instituteur, nous voilà revenus aux premiers temps de l'Église.

— Merci, mon cousin; c'est comme si l'on nous obligeait de nous habiller à la mode de ce temps-là; nous n'en serions pas moins montrées au doigt comme de vrais *carnavals*.

— Voyons, n'interromps pas toujours le cousin, reprit la maîtresse Bernier, et laisse-le continuer son histoire.

— Je vais continuer aussi; mais cela ne

doit empêcher ni les enfants ni d'autres personnes de m'interrompre quelquefois pour me demander des explications de choses qu'elles ne comprendraient pas ; car c'est principalement pour votre instruction que je fais ce récit.

« On ne saurait préciser l'époque de l'invention des cloches, et je ne veux pas vous fatiguer en vous répétant les opinions diverses sur leur origine et sur l'étymologie du nom qu'on leur a donné. Ce qu'il y a de certain, c'est que l'usage des cloches remonte au delà du vi° siècle, et l'on croit généralement que les premières furent fondues à Nola, en Campanie, sous le pontificat de saint Paulin, vers l'an 420. De là leur est venu le nom de *campanœ*, qu'elles ont porté longtemps, nom qui s'est conservé jusqu'à nos jours dans certains patois, et entre autres dans notre patois bourguignon, où l'on appelle encore *campenne* la petite cloche suspendue au cou des vaches.

Longtemps aussi on leur a donné le nom de *sing*, d'un mot latin *signum*, qui signifie *signal*, parce que ce mot était consacré pour désigner l'instrument destiné à convoquer les fidèles dans les temples. Ainsi le testament de François Ier, duc de Bretagne, en 1450, contient ce passage relatif aux funérailles : « Avant de commencer l'office, le plus grand sing (la plus grosse cloche) du moustier (couvent) sera sonné par douze coups, etc. »

« Je vous ferai, à cette occasion, remarquer en passant que si notre *Philippine* vient bien réellement d'un don de Philippe le Bon, elle a dû aussi porter le nom de *sing*, car ce prince est mort aussi vers le milieu du xve siècle. Enfin le mot de sing a servi à former le mot *tocsin*, encore usité pour désigner une sonnerie d'alarme qui se fait en frappant la cloche (en *toquant le sing*) à coups précipités avec un maillet de bois. Quant au mot *cloche*, qui a prévalu et qui est en usage dans presque toutes les langues modernes, je laisse à de plus savants que moi à vous en dire l'origine (1).

« Quoi qu'il en soit, la puissance et la majesté de son de ce nouveau signal le firent préférer à tous ceux dont on s'était servi jusque-là, et dès le vi° et le vii° siècle l'usage des cloches était répandu dans tout l'Occident.

« Sans doute, comme le demandait naïvement le petit Pierre, les clochers n'existaient pas avant les cloches; seulement il y avait soit des tourelles, soit des plates-formes sur le haut des édifices religieux, d'où l'on faisait retentir le signal des offices; c'est ainsi que dans les pays musulmans, à côté des mosquées, il y a une tourelle ou

(1) Les uns font venir ce mot du latin *claudicare*, boiter, parce que, selon Fauchet, « l'aller et le venir de la cloche semble exprimer l'alleure d'un boiteux eshanché; » d'autres le font venir du grec *klangé*, son éclatant, où enfin de l'allemand *clocke* ou *glocke*, etc.

minaret, du haut de laquelle la voix du
muezzin appelle les sectateurs du Mahomet
à la prière. Mais quand les grosses cloches
eurent été inventées, il fallut bien bâtir
des tours solides pour en supporter le poids,
et en même temps assez élevées pour que
le son en fût entendu de plus loin. Et
comme tous les édifices consacrés au culte,
ou qui ont quelque rapport à son exer-
cice, doivent rappeler dans leur construction, dans leur conformation ou dans
quelques signes extérieurs, l'usage auquel
ils sont destinés, on plaça sur la plupart
de ces tours une pyramide, symbole de
la prière qui s'élève comme une flamme
ardente vers le ciel; puis on surmonta la
pyramide d'un globe, au-dessus duquel on
arbora la croix; enfin sur la croix on mit
un coq, emblème populaire qui indique
l'usage des cloches dans les églises. Aux
pasteurs il rappelle la vigilance, aux fidèles le zèle pour la prière, l'ardeur pour

le travail, de même que la croix placée sur le globe de la pyramide annonce au ciel et à la terre la victoire de Jésus—Christ sur le monde.

« Comme tout ce qui sert à son culte, l'Église bénit la cloche : cette bénédiction est accompagnée de cérémonies particulières qui lui ont fait donner le nom de baptême. Ce n'est pas, mes enfants, que l'Église croie la cloche susceptible d'une vertu intérieure et d'une véritable sainteté ; mais son intention est de la retirer de l'ordre des choses communes, et d'annoncer qu'étant une fois consacrée au service du Seigneur, elle ne peut plus être employée à d'autres usages sans une espèce de profanation ; elle veut encore rendre mystérieux et saints l'instrument et le son qui doivent convoquer les chrétiens à tout ce qu'il y a de plus saint sous le ciel, la parole de Dieu, les offices, l'assistance et la participation à nos augustes mystères.

— Quelles sont donc, mon parrain, demanda le petit Pierre, les cérémonies que l'on fait pour bénir et pour baptiser une cloche?

— La cloche que l'on veut bénir est ordinairement suspendue dans la nef de l'église ou bien sous le porche, au-dessous du clocher, quelquefois en dehors à quelques pas du portail, selon la localité. Le parrain et la marraine, qui sont censés la présenter à l'église comme on présente un enfant nouveau-né, se tiennent debout à côté. Alors le célébrant, couvert d'une chape blanche, se rend avec tout son clergé auprès de la cloche, en chantant des psaumes et en récitant des prières appropriées à la cérémonie ; puis il demande à haute voix au *parrain* et à la *marraine* sous quelle invocation ils désirent qu'elle soit bénite; alors il prononce ces paroles : « Que cette *cloche* soit sanctifiée et consacrée au nom du Père, et du Fils, et du Saint-Esprit; » il prie encore, il lave la cloche en dedans et en dehors avec de l'eau bénite, il fait sept croix dessus avec l'huile sainte, et quatre en dedans avec le saint chrême; il la frappe trois fois avec son battant; le parrain et la marraine en font autant; enfin le diacre place l'encensoir fumant sous la cloche, que le célébrant salue en silence d'un dernier signe de croix, après qu'on l'a recouverte d'un linge blanc.

« Ces cérémonies, mes enfants, ont, comme toutes celles de l'Église, un sens mystérieux et sublime. La cloche est en quelque sorte la trompette de l'Église militante; elle doit sonner pour toutes les circonstances remarquables de la vie : de là cette variété de prières et de cérémonies par lesquelles on la bénit. Elle doit sonner au baptême, et on la purifie avec de l'eau bénite; elle doit sonner les combats de notre vie, depuis le jour où nous entrons dans la lice sacrée par la confirmation, jus-

qu'à celui que nous rendrons sur notre lit
de mort. Voilà pourquoi on lui fait des
onctions réitérées avec le saint chrême et
l'huile des infirmes. Elle doit sonner l'au-
guste sacrifice : voilà pourquoi on la par-
fume d'encens. Elle doit nous rappeler sans
cesse Jésus crucifié, auteur et consomma-
teur de notre foi : voilà pourquoi on répète
si souvent, durant la cérémonie, le signe
sacré de la croix. On donne à la cloche le
nom d'un saint ou d'une sainte : cette idée
est pleine de charmes. Nos pères ont cru
que la piété serait plus active, plus joyeuse,
plus fidèle, si l'on supposait que c'est un
saint ou une sainte qui nous appelle à l'é-
glise. Ainsi, quand la cloche que nous re-
grettons sonnait l'office divin, ne nous rap-
pelait-elle pas le grand apôtre dont elle
portait le nom ? et ne nous semblait-il pas,
quand nous l'entendions, entendre la voix
de l'un des premiers disciples de Jésus nous
inviter à venir adorer son maître ?

« Après la bénédiction de la cloche, le célébrant, le parrain et la marraine la sonnent doucement par trois fois, comme pour lui donner sa mission ; enfin on la couvre d'un linge blanc, par respect pour le saint chrême, comme on revêt d'une tunique blanche les néophytes après leur baptême (1).

— Oh! que je voudrais donc bien voir le baptême d'une cloche! s'écria le petit Pierre. Dites donc, mon parrain, est-ce que l'on fera toutes ces cérémonies quand nous aurons une cloche neuve?

— Certainement, mon enfant.

— Oh! que je voudrais donc bien que ce fût dès demain!

— Ah! mon pauvre frère, dit Thérèse, ce ne sera pas de sitôt.

— Vous au moins, mes enfants, dit la mère Marcellin, vous avez le temps d'at-

---

(1) L'abbé Gaume, *Catéchisme de persévérance*, t. IV, p. 59 et 60.

tendre, vous êtes jeunes ; mais moi qui suis
vieille, je mourrai peut-être avant d'avoir
assisté à une aussi belle cérémonie, et pourtant je n'ai pas un moins grand désir que
vous d'en être témoin. Ce qui me contrarie
le plus, c'est de penser que je serai enterrée
au son d'une crécelle.

— Oh! ça, c'est vrai que c'est bien triste,
reprit la veuve Richard ; et vous avez beau
dire, monsieur Pascal, que c'était l'usage
dans l'ancien temps, rien à mon avis ne
peut remplacer le son des cloches. Pour moi,
il me semble déjà qu'il me manque quelque
chose, depuis deux jours seulement que je
n'entends plus notre pauvre *Philippine*, et,
comme je le disais en entrant à ces dames,
j'en suis tout hébétée, quoi !

— Oh! je suis aussi parfaitement de votre
avis, mère Richard, répondit l'instituteur ;
et en disant que nous serions forcés de recourir aux moyens employés par nos pères
pour appeler les fidèles à l'office divin, je

n'ai pas prétendu que ces moyens remplaceraient convenablement notre cloche. Car qui pourrait dire toutes les impressions que produit le son de la cloche sur l'homme et sur le chrétien? Permettez-moi de vous citer à ce sujet les paroles d'un écrivain célèbre :

« C'est d'abord, ce nous semble, une chose assez merveilleuse, d'avoir trouvé le moyen, par un seul coup de marteau, de faire naître à la même minute un même sentiment dans mille cœurs divers, et d'avoir forcé les vents et les nuages à se charger des pensées des hommes. Ensuite, considérée comme harmonie, la cloche a indubitablement une beauté de la première sorte : celle que les artistes appellent *le grand...*

« Avec quel plaisir Pythagore (c'était un philosophe grec et païen, qui vivait six cents ans avant Jésus-Christ) ; avec quel plaisir Pythagore, qui prêtait l'oreille au marteau du forgeron, n'eût-il point écouté le bruit de nos cloches, la veille d'une solennité de l'Église! L'âme peut être attendrie par les accords d'une lyre; mais elle ne sera pas saisie d'enthousiasme, comme lorsque la foudre des combats la réveille, ou qu'une puissante sonnerie proclame dans la région des nues le triomphe du Dieu des batailles.

« Et pourtant ce n'est pas là le caractère le plus remarquable du son des cloches; ce son a une foule de relations secrètes avec nous. Combien de fois, dans le calme des nuits, les tintements d'une agonie, semblables aux lentes pulsations d'un cœur expirant, n'ont-ils pas effrayé le coupable qui veillait pour le crime! Combien de fois ne sont-ils pas parvenus jusqu'à l'athée, qui, dans sa veille impie, osait peut-être écrire qu'il n'y a point de Dieu! La plume échappe de sa main; il écoute avec effroi le glas de la mort qui semble lui dire : *Est-ce qu'il n'y a point de Dieu?*

« Des sentiments plus doux s'attachent aussi au bruit des cloches. Lorsque avec le chant de l'alouette, vers le temps de la coupe des blés, on entend au lever de l'aurore les petites sonneries de nos hameaux, on dirait que l'ange des moissons, pour réveiller les laboureurs, soupire sur quelque instrument des Hébreux l'histoire de Séphora ou de Noémi...

« Les carillons des clochers, au milieu de nos fêtes, semblent augmenter l'allégresse publique ; dans les calamités, au contraire, ces mêmes bruits deviennent terribles. Les cheveux se dressent encore sur la tête au souvenir de ces jours de meurtre et de feu retentissant des clameurs du tocsin...

« Tous les sentiments que fait naître la sonnerie de nos temples sont d'autant plus beaux, qu'il s'y mêle un souvenir du ciel, un souvenir de charité et de religion. Depuis la clochette qu'un homme agitait autrefois dans les rues de nos villes pendant la

nuit qui précédait nos fêtes, en répétant ces
paroles : *Éveillez-vous, gens qui dormez,
priez pour les trépassés*, jusqu'à la cloche du
hameau solitaire, qui sonne le couvre-feu
pour avertir le voyageur égaré dans les
montagnes et les forêts d'alentour, et au
bourdon qu'on sonne la nuit dans certains
ports de mer pour diriger le pilote à tra-
vers les écueils, toutes les cloches se ma-
rient avec notre situation présente, et por-
tent tour à tour dans notre âme la tristesse,
la joie, l'espérance, la frayeur religieuse.
D'où vient ce mystère? C'est que les cloches
sont *essentiellement religieuses*. Si elles étaient
attachées à tout autre monument qu'à nos
églises, elles perdraient leurs sympathies
morales avec nos cœurs... C'est Dieu même
qui commande à l'ange des victoires de
lancer les *volées* qui publient nos triomphes,
ou à l'ange de la mort de sonner le départ
de l'âme qui vient de remonter à lui. Ainsi,
par mille voix secrètes, une société chré-

tienne correspond avec la Divinité, et ses
institutions vont se perdre mystérieusement
à la source de tout mystère (1). »

« Après les paroles éloquentes que je viens
de vous citer, je peux, mes enfants, vous
donner un exemple de la vive et profonde
impression que peut produire le son des
cloches; c'est à moi-même que cela est arrivé, et je me rappelle toujours avec bonheur cette circonstance de ma vie.

« J'étais militaire depuis cinq ans, et j'é-
tais parvenu au grade de sergent-fourrier.
Pendant ce long espace de temps, j'avais
perdu de vue les leçons et les bons exemples
que j'avais reçus au petit séminaire. Je n'é-
tais pas un impie, car la foi était restée au
fond de mon cœur, mais une foi sans action,
sans énergie et presque morte. A mon arrivée au régiment, j'avais voulu donner

(1) Chateaubriand, *Génie du christianisme*, quatrième
partie.

quelques signes de religion ; on s'était mo-
qué de moi, on m'appelait *séminariste*,
jésuite, que sais-je? et bientôt les railleries
de mes camarades et leur mauvais exemple
m'avaient fait abandonner toute pratique
extérieure de piété.

« Je faisais partie du détachement qui,
d'Orléans, où était notre dépôt, allait re-
joindre le régiment, en garnison à Paris.
A la dernière étape, c'était un dimanche du
mois de juin, nous étions partis à trois
heures du matin pour éviter la chaleur du
jour, et arriver de bonne heure à notre des-
tination. Entre cinq et six heures du matin,
notre petite colonne gravissait lentement la
montée assez longue qui se trouve à la sortie
de Bourg-la-Reine. Pour abréger la route,
quelques soldats chantaient des chansons
libres et impies dont leurs camarades répé-
taient en riant le refrain. Arrivés sur la
hauteur, nous fîmes une halte de quelques
minutes, pour respirer. Tout à coup le son

lointain d'un grand nombre de cloches se
fit entendre. C'étaient les cloches de toutes
les églises de Paris, dont le joyeux carillon
annonçait la solennité de la Fête-Dieu, que
l'on célébrait ce jour-là. Nous n'apercevions
pas encore la grande ville, cachée par les
hauteurs de Montrouge; mais le vent du
nord nous apportait distinctement l'harmonie de ses cloches tantôt faible et comme un
doux murmure, tantôt sonore et éclatante,
selon que le souffle de la brise était plus ou
moins fort. Nous distinguions la voix grave
et lente du bourdon de Notre-Dame et de
celui de Saint-Sulpice, qui faisaient la basse
dans ce concert admirable et en quelque
sorte céleste.

« Je n'essaierai pas de vous peindre l'é-
motion dont mon cœur se sentit pénétré;
des larmes étaient près de couler de mes
yeux. Mes compagnons ne restèrent pas non
plus insensibles à cette mélodie sublime.
Les chants profanes cessèrent d'eux-mêmes;

on se remit en route en gardant un profond
silence, comme si l'on eût craint de perdre
une seule note de cette belle et mystérieuse
musique.

« A mesure que nous avancions, les cloches
des paroisses voisines de la route venaient
mêler leurs voix à celles de leurs sœurs de
Paris. Dans les villages que nous traversions,
nous voyions des habitants occupés à tendre
le devant de leurs maisons de draps blancs
garnis de guirlandes de fleurs; d'autres qui
travaillaient à la décoration des reposoirs;
des troupes de jeunes garçons et de jeunes
filles, chargés de branches, de feuillages ou
de fleurs des champs, dont on devait jon-
cher le chemin par où passerait la procession. A la vue de ce spectacle, je me repor-
tai aux jours de mon enfance et de ma jeunesse, quand, moi aussi, j'étais si heureux
de prendre part à cette belle solennité, soit
en jetant des fleurs, soit en balançant l'encensoir devant le saint Sacrement.

« Ces pensées occupèrent mon esprit pendant tout le reste du chemin. A notre arrivée à la barrière, le bruit de la population et le roulement des voitures ne nous permirent plus d'entendre le son des cloches, mais n'effacèrent pas l'impression qu'il avait produite en moi. Notre bataillon était caserné à Lisieux (1). A peine fûmes-nous installés, à peine me fut-il permis de sortir, que je courus à l'église Saint-Étienne-du-Mont, voisine de notre quartier. Il y avait plus de quatre ans que je n'avais mis le pied dans une église : eh bien, mes enfants, j'entendis la messe avec le plus de recueillement qu'il me fut possible et sans m'occuper de plusieurs de mes camarades que la curiosité y avait attirés, et qui s'y promenaient d'un air assez indifférent.

« A compter de ce jour-là, je me suis mis

(1) Nom d'une caserne de Paris située rues des Carmes et Saint-Jean-de-Beauvais.

complétement au-dessus du respect humain.
Je me suis acquitté de mes devoirs de chrétien avec autant de régularité que me le
permettait la discipline militaire. J'ai bien
eu encore à essuyer quelques railleries;
mais je ne m'en suis pas occupé, et elles
ont eu bientôt cessé.

« Depuis ce moment-là, mes enfants, jamais je n'ai entendu le son lointain d'une ou
de plusieurs cloches sans me rappeler cette
journée, que je regarde comme une des plus
heureuses de ma vie, puisqu'elle m'a ra-
mené à Dieu, dont j'étais depuis si longtemps éloigné. »

Quand l'instituteur eut cessé de parler,
un profond silence régna encore dans l'assemblée. La veuve Richard le rompit la
première en disant : « Ah! monsieur Pascal, tout ce que vous venez de nous dire
nous fait encore regretter bien plus vivement la perte de notre pauvre cloche! »

C'était là précisément l'effet qu'avait voulu produire l'instituteur, et il avait parfaitement réussi ; car tout le monde, en se retirant, exprima de différentes manières la même pensée que la mère Richard.

———————

IV

La souscription des enfants.

Les femmes et les enfants qui se réunissaient d'habitude chez la maîtresse Bernier appartenaient, à l'exception de la mère Richard, aux familles les plus aisées de la commune, et l'instituteur avait espéré, en excitant en elles le désir de ravoir une cloche, que peut-être, par leur influence, leurs maris, leurs pères, leurs parents se décideraient à prendre part à la souscription. Mais on sait combien il est difficile de déterminer les habitants de la campagne à donner de l'argent, et l'éloquence des habitués de la maison Bernier n'obtint aucun succès. La maîtresse Bernier elle-même ne fut pas plus heureuse auprès de son mari. Celui-ci était revenu de Dijon de fort mauvaise humeur. Le blé avait éprouvé une baisse de deux francs par hectolitre, de sorte qu'avec l'argent qu'il avait emporté de la maison il n'avait pas même eu de quoi solder entièrement le prix de son fermage. Aussi, quand sa femme lui avait parlé de la souscription, il avait répondu avec colère : « Et où veux-tu que je trouve de l'argent? Si le percepteur et le propriétaire veulent me faire grâce de ce que je leur redois, je consens à souscrire; sinon, non. »

D'un autre côté, M. Basaille, enchanté du peu de succès de la souscription, usait de toute son influence pour la faire avorter complétement. Quoiqu'il ne fût pas aimé, quoiqu'il fût même mésestimé à cause de son avarice proverbiale, sa fortune ne laissait pas de lui donner une certaine importance, à défaut de considération.

« Je vous demande un peu, disait-il, à quoi cela vous servira d'avoir une cloche. Cela vous mettra-t-il seulement un sou de plus dans votre gousset au bout de l'année? Voilà, ma foi, de l'argent bien placé! Que ceux qui en tirent du profit en fassent les frais, comme le curé, le sonneur, le mar-guillier, je le conçois; quant à vous, je vous demande encore une fois quel intérêt vous y avez. S'il faut absolument faire du bruit pour annoncer les offices et les enterrements, qu'on se serve du tambour de la commune : il produira autant d'effet, et ne coûtera pas si cher. »

Et les jours, les semaines se passaient, et personne ne venait mettre son nom sur le registre, qui ne contenait toujours que les quatre souscripteurs primitifs : le curé, le maire, l'adjoint et l'instituteur.

M. le curé était profondément affligé, mais sa figure toujours placide ne laissait apercevoir aucune trace de sa douleur; le

2*

maire et l'adjoint étaient à peu près indifférents ; quant à l'instituteur, il était consterné, et ne savait quel moyen employer pour réveiller le zèle de ses compatriotes.

L'avent et les fêtes de Noël venaient de s'écouler tristement ; le premier de l'an approchait, et ne s'annonçait pas d'une manière plus gaie, quand, deux à trois jours avant le 1er janvier, M. Pascal vit entrer chez lui Philippine Richard, son amie Thérèse Bernier et le petit Pierre.

La figure de ces trois enfants avait quelque chose de rayonnant, et cependant il y avait dans leur contenance un certain air embarrassé et mystérieux qui intrigua le bon instituteur.

« Bonjour, mes enfants, leur dit-il en réponse à leur salut : quel bon vent vous amène chez moi, aujourd'hui jour de congé ?

— Mon parrain, répondit le petit Pierre,

c'est Philippine qui veut vous demander...
Allons, parle donc, Philippine, c'est toi que
cela regarde, » ajouta-t-il en se tournant
du côté de la petite fille.

Et la pauvre Philippine, ainsi interpellée,
rougit jusqu'au blanc des yeux sans ouvrir
la bouche.

« Allons, reprit Thérèse, tu sais bien,
petit Pierre, que Philippine est trop timide
pour parler, et c'est pour cela qu'elle t'en
avait chargé : eh bien ! puisque tu ne veux
pas le faire, moi je parlerai pour elle. Mon
cousin, Philippine voulait vous demander
si vous aviez toujours le registre de souscription pour la cloche?

— Certainement je l'ai toujours, répondit d'un air étonné l'instituteur; et que
veut-elle en faire?

— Elle voudrait vous demander de l'inscrire pour trois francs douze sous, qu'elle
va vous remettre.

— Oh! non, reprit Philippine en faisant un effort pour parler : je ne demande pas que mon nom soit sur le registre, autrement il faudrait y mettre aussi le tien et celui de Pierre. Je demande seulement si M. Pascal veut bien recevoir trois francs douze sous pour aider à racheter notre cloche. »

Et, en disant ces mots, elle tira d'un coin de son mouchoir de poche, où elles étaient précieusement enveloppées, trois pièces d'un franc, une de cinquante centimes et une de dix centimes, qu'elle déposa sur la table de l'instituteur.

Celui-ci, de plus en plus surpris, répondit :

« Je ne puis, mes enfants, recevoir cet argent sans savoir d'où il vient, et qui l'a donné à Philippine. »

La pauvre enfant rougit plus fort, et, sentant instinctivement qu'on pouvait la soupçonner d'une mauvaise action, elle était près de pleurer.

« Il ne faut pas t'affecter comme ça, dit Thérèse ; ni toi, ni mon frère, ni moi, n'avons fait de mal ; seulement nous n'aurions pas voulu que cela se sût, dans la crainte que l'on ne se moquât de nous ; toutefois, puisque le cousin ne veut pas recevoir notre argent sans savoir d'où il provient, nous pouvons bien le lui dire, et je suis sûre qu'il ne se moquera pas de nous, lui. Cependant nous le prierons de n'en parler à personne, et, s'il nous le promet, notre secret sera bien gardé.

— Vous pouvez compter sur ma discrétion. Voyons, parle, Thérèse, je suis curieux d'apprendre ce grand secret.

— Eh bien ! mon cousin, le voici. Vous savez combien nous avons été toutes affligées de l'accident arrivé à notre cloche ; mais personne n'en était plus désolé que la pauvre Philippine ; c'est au point que la nuit, après la veillée où vous nous avez dit tant de belles choses sur les cloches, vous

savez, elle n'a pu fermer l'œil et elle n'a
fait que pleurer. Le lendemain elle me disait : « Ah! si j'avais quelque chose à moi,
bien à moi, comme je le donnerais de bon
cœur! car j'ai tant prié le bon Dieu, qu'il
me semble qu'il bénirait mon offrande, et
qu'elle en attirerait d'autres. »

Ici Philippine, qui se tenait derrière Thérèse, la tira doucement par sa robe en lui
disant à l'oreille :

« Tais-toi donc, il ne faut pas dire ces
choses-là.

— Et pourquoi ne les dirais-je pas? reprit tout haut Thérèse; nous sommes ici
comme à confesse, nous devons tout dire :
n'est-ce pas, mon cousin?

— Oui, ma petite, oui, Thérèse a raison,
il ne faut rien me cacher. Continuez, cousine, je vous écoute avec beaucoup d'intérêt.

— Moi aussi, que je lui répondis, si j'a-

vais quelque chose à moi, je le donnerais
de bon cœur; mais que veux-tu? nous n'a-
vons rien, il faut bien nous résigner à la
volonté du bon Dieu. Pendant huit à dix
jours elle ne me parla plus de cela; elle ne
paraissait pourtant pas si triste, et moi je
n'avais garde de lui en reparler, de crainte
de renouveler son chagrin. Enfin, un jour,
elle m'aborda toute joyeuse en me montrant
douze sous qu'elle destinait, me disait-elle,
à la souscription; mais elle ne voulait les
donner que quand elle aurait réuni une
somme plus forte, car elle n'osait pas offrir
si peu de chose. « Et comment, lui dis-je,
as-tu fait pour gagner cet argent? — Rien
de plus simple, me répondit-elle; tu sais que
ma mère me donne tous les jours, pour ma
collation, du pain, un œuf, du beurre pour
le faire cuire, et quelquefois une pomme.
Eh bien! je me suis contentée de manger
mon pain avec le beurre, et la pomme quand
j'en avais, et j'ai mis l'œuf de côté; au

bout de douze jours, j'avais une douzaine
d'œufs, que j'ai vendus au père Mathurin,
le coquetier, pour douze sous, et les voilà.
— Tiens, dis-je, la bonne idée! et pourquoi
ne me l'as-tu pas dit? j'en aurais fait autant,
et cela ferait vingt-quatre sous au lieu de
douze. — J'y ai bien pensé, me répondit-elle;
mais tu n'apportes pas toujours des œufs à
l'école pour ta collation, et peut-être ta
mère n'aurait-elle pas voulu t'en donner,
ou bien tu n'aurais pas osé toi-même lui en
demander; enfin je n'étais pas bien sûre
moi-même du succès, et je n'ai voulu t'en
parler que quand j'aurais réussi. — Eh bien!
maintenant, que je lui dis, je veux m'associer avec toi; c'est vrai que maman ne me
donne pas toujours des œufs, parce que je
ne les aime pas beaucoup, et peut-être cela
lui paraîtrait-il singulier si je lui en deman-
dais plus souvent; mais il me vient une
idée, que je fis. Pierre raffole des œufs, et
tous les jours ma mère lui en donne un,

quelquefois deux, et souvent ma grande
sœur Madeleine, qui le gâte, lui en donne
aussi par-dessus le marché. Il faut le mettre
dans notre projet; il en sera enchanté. — Tu
ne crains donc pas, répliqua Philippine, qu'il
en parle aux autres petits garçons de sa
classe? — Oh! non, répondis-je, il est très-
discret. » Alors nous avons appelé Pierre,
nous lui avons fait notre confidence, et il
n'a pas demandé mieux que d'entrer dans
nos vues.

— Et j'espère, s'empressa d'ajouter le
petit Pierre, que j'ai bien fourni ma bonne
part.

— Oh! ça, c'est vrai; seulement il ne faut
pas t'en vanter le premier, reprit Thérèse, car
j'allais le dire, et tu m'en ôtes le plaisir;
mais tu devrais dire aussi que c'est grâce à
notre sœur Madeleine si ta part d'œufs a été
plus forte que la nôtre. Enfin, mon cousin,
nous avons fini par réunir quatre douzaines

et demie d'œufs ; puis, la veille de Noël,
ma mère comptait nous faire de la galette
pour la fête ; je lui ai demandé si elle voulait me donner de la farine et du beurre,
que nous la ferions chez la mère Richard,
qui avait chauffé son four ce jour-là. « Je
le veux bien, » qu'elle me dit ; et elle m'a
donné un gros morceau de beurre et de la
farine. La mère Richard, de son côté, avait
aussi donné du beurre à Philippine : de
sorte que nous en avions presque une livre.
Nous en avons mis une demi-livre de côté,
et nous avons beurré notre galette avec le
reste. Bah ! elle était aussi bonne, et nous
l'avons mangée d'aussi bon appétit que
si nous avions mis tout le beurre dedans.
Bref, le surlendemain, Philippine a vendu
les quatre douzaines et demie d'œufs et la
demi-livre de beurre trois francs, ce qui,
avec les douze sous qu'elle avait déjà, forme
la somme que nous vous apportons aujour-
d'hui. Eh bien ! maintenant, mon cousin,

que vous savez d'où vient cet argent, ferez-vous difficulté de le recevoir?

— Non, mes enfants, non, répondit l'instituteur, que le récit naïf de Thérèse avait visiblement ému, je ne refuserai pas votre argent; car j'espère, comme l'a dit Philippine, que Dieu bénira cette offrande et qu'elle en attirera d'autres; j'inscrirai vos trois noms sur le registre de souscription, en mettant celui de Philippine en tête, parce que c'est elle qui la première a eu cette heureuse idée.

— Mais, mon parrain, dit petit Pierre, si vous attendiez encore quelque temps pour inscrire nos noms et l'argent, nous continuerions comme nous avons commencé; et dans quinze jours à trois semaines nous vous en rapporterions encore davantage, ce qui ferait une somme un peu plus convenable à mettre sur votre registre.

— Je le veux bien, mes enfants, à une condition : c'est que vous ferez part à

vos mères de votre projet et des moyens
que vous avez imaginés pour le mettre à
exécution. Je suis convaincu d'avance qu'elles
vous approuveront; mais rappelez-vous
bien que des enfants de votre âge, de jeunes
filles surtout, comme Thérèse et Philippine,
ne doivent rien avoir de caché pour leurs
mères, même quand il s'agit de faire le
bien.

— Oh! pour cela, répondit Thérèse, je
suis très-certaine que ma mère ne sera pas
fâchée, ni celle de Philippine non plus.

— Bien sûr que non, reprit Philippine;
car ma mère parlait elle-même de donner
sa croix d'or qu'elle a reçue en cadeau de
noces de mon père, et à laquelle elle tient
beaucoup. C'est moi qui m'y suis opposée
en lui disant que nous trouverions peut-
être quelque autre moyen de faire notre
offrande, sans la priver d'un objet auquel
elle est attachée bien plus par les souvenirs qu'il lui rappelle que pour sa valeur.

C'est alors que j'ai imaginé ce que j'ai fait ; mon intention n'étant pas de lui en faire toujours un mystère, toutefois je ne le lui aurais dit que quand je serais parvenue à réunir une somme à peu près équivalente à la croix.

— Très-bien, mon enfant, repartit l'instituteur, j'approuve vos sentiments et votre conduite ; mais pourquoi priver plus long-temps votre mère du plaisir qu'elle aura de savoir que sa fille a fait une bonne action ? Et ma cousine Bernier, croyez-vous qu'elle ne sera pas bien contente aussi d'apprendre la part que ses jeunes enfants y ont prise ?

— Je sens bien que vous avez raison, mon cousin, reprit Thérèse, seulement je ne sais pas comment m'y prendre pour dire cela à ma mère. Elle est bien bonne, sans doute ; cependant elle est un peu vive, et j'ai peur qu'elle ne me gronde non pas de ce que j'ai fait, mais de ce que je ne l'en ai pas

3

avertie. Vous devriez bien, mon cousin, vous charger vous-même de lui parler ; elle vous aime et vous respecte, et vous arrangerez mieux les choses que je ne pourrais le faire moi-même.

— Je ne demande pas mieux, et j'avais même l'intention de vous le proposer ; car nous pourrons nous entendre, la cousine Bernier et moi, non-seulement sur ce qui s'est fait, mais encore sur ce qui se fera pour tirer parti de cette bonne idée, dont je ne saurais trop féliciter notre chère Philippine d'avoir eu l'heureuse inspiration. Je serais bien aise d'en causer aussi avec la mère Richard ; cela ne vous contrariera pas, Philippine ?

— Bien sûr que non, monsieur Pascal ; et, si vous le désirez, vous lui en parlerez même avant moi, quoique je craigne peu qu'elle me gronde de ne pas l'avoir prévenue.

— Allons, voilà qui est entendu ; je vais

maintenant mettre votre argent dans la caisse et l'inscrire provisoirement sur mon journal. J'irai voir ensuite la cousine Bernier et la mère Richard ; en attendant mon retour, vous resterez ici auprès de Mme Pascal, votre maîtresse. Elle est votre seconde mère, et il est juste qu'elle participe aussi à la joie que causera à vos mères la bonne action de leurs enfants. »

V

La souscription de Madeleine.

M. Pascal n'avait pas manifesté devant les trois enfants tout le plaisir que lui avait causé leur ingénieuse pensée, dont il prévoyait les plus heureux résultats. Charmants enfants, se disait-il à lui-même, vous avez trouvé peut-être, sans vous en douter, la solution du problème qui m'occupe depuis si longtemps ; oui, j'espère que Dieu bénira votre offrande et la rendra féconde !

Plein de ces pensées, il se rendit d'abord chez la mère Richard, qui pleura de joie en entendant le récit de l'instituteur. Elle voulait, disait-elle, désormais aider sa fille dans son œuvre, et prélever chaque semaine, sur les produits de sa vache et de ses poules, de quoi grossir la souscription.

« Mère Richard, répondit l'instituteur, je connais votre zèle, et je ne suis pas venu ici dans l'intention de le stimuler. Je serais plutôt disposé à vous dire de le modérer : car vous n'êtes pas riche, et vous ne devez pas vous exposer à manquer du nécessaire pour le succès de cette entreprise. Elle est bien louable sans doute, puisqu'il s'agit d'un objet relatif au culte; mais enfin ce n'est pas une de ces œuvres de charité pour lesquelles on n'hésite pas à partager ses vêtements et sa nourriture, comme quand il s'agit de secourir des malheureux qui sont nus et qui meurent de faim.

— Bah! monsieur Pascal, laissez toujours faire la mère Richard, elle n'en sera ni plus riche ni plus pauvre au bout de l'année. Tenez, vous êtes plus savant que moi; eh bien, je vais pourtant tâcher de répondre

à ce que vous disiez tout à l'heure par un
exemple que j'ai lu dans l'Évangile. Une
femme répandit un jour des parfums pré-
cieux sur la tête de Notre-Seigneur pendant
qu'il était à table avec ses disciples. Ceux-ci
ayant fait l'observation qu'il eût mieux valu
vendre ces parfums et en donner le prix aux
pauvres, Notre-Seigneur leur dit : « Pourquoi
« faites-vous de la peine à cette femme? Ce
« qu'elle vient de faire est une bonne œuvre;
« elle l'a faite pour m'honorer; vous aurez
« toujours des pauvres parmi vous, mais
« vous ne m'aurez pas toujours. » Eh bien,
je dis que contribuer à l'achat d'un objet relatif au culte, c'est faire une bonne œuvre,
puisqu'il s'agit d'honorer Dieu ; et j'ajoute
que nous n'aurons pas toujours une cloche à
rétablir, et que nous ne manquerons jamais
de pauvres à soulager. Je vous demande
pardon, monsieur Pascal, si ma comparai-
son *cloche* un peu ; mais puisque nous parlons de cloche, ça n'est pas étonnant, ajouta-

t-elle en riant elle-même de son jeu de mots ;
pourvu que vous me compreniez, c'est assez ;
et maintenant je vous demanderai si, après
avoir accepté l'offrande de l'orpheline, vous
refuserez le denier de la veuve ?

— Non, non, mère Richard, dit l'instituteur attendri, en lui serrant la main ; vous
ferez ce que vous voudrez. Je désirerais seulement que tout le monde dans la paroisse
vous ressemblât, et nous aurions notre cloche avant Pâques prochain. »

La maîtresse Bernier, sans montrer le
même attendrissement que la veuve Richard, apprit avec plaisir ce qu'avaient fait
Thérèse et le petit Pierre ; seulement elle
était fâchée, disait-elle, qu'ils ne l'eussent
pas prévenue, car elle n'aurait pas souffert
qu'ils fissent une offrande aussi mesquine.

Sa vanité se trouvait froissée de ce que
ses enfants, appartenant à l'une des plus
riches familles du village, n'eussent pas
donné plus que Philippine, la plus pauvre

fille de la paroisse. « Il n'y a pas de temps
perdu, ma cousine, répondit en souriant
l'instituteur, qui devinait sa pensée ; la
souscription n'est pas fermée, et Thérèse
et Pierre seront toujours à même, si vous le
trouvez bon, d'augmenter le chiffre de la
leur ; ne leur faites donc pas de reproche
pour ce qui a été fait. Laissez à ces pauvres
enfants le mérite de leur initiative ; et même,
pour l'avenir, je vous engage à leur accor-
der une certaine liberté d'action que vous
surveillerez, sans toutefois y apporter trop
d'entraves ni trop d'excitations.

— A la bonne heure, reprit la maîtresse
Bernier ; mais, cousin Pascal, à quoi pourront servir les efforts de ces enfants?

— J'espère bien qu'ils ne seront pas les
seuls, et que, quand leurs camarades sau-
ront ce qu'ils ont fait, ils voudront les
imiter.

— Et quand cela serait, quand tous les
élèves des deux classes, filles et garçons,

se cotiseraient, ça ne fera pas plus d'effet
pour remplir la somme que quelques gouttes
d'eau pour remplir l'étang du village quand
il est à sec.

— Vous vous trompez, cousine Bernier ;
vous devez pourtant savoir, vous qui êtes
bonne ménagère, que les petits ruisseaux
font les grandes rivières, et que le milliard
et demi dont se compose le budget des
recettes de l'État est formé de toutes les petites cotes que paient les contribuables, dont
quelques-unes même sont inférieures à la
somme que vos enfants m'ont apportée tout
à l'heure.

— Je ne demande pas mieux, répliqua
la maîtresse Bernier, que de voir l'entreprise réussir, et ce que j'en dis, ce n'est que
par crainte qu'elle n'aboutisse pas ; dans
tous les cas, ce sera bien long.

— Moins encore, observa l'instituteur,
que si la liste était restée close après les
quatre noms qui y sont inscrits depuis

un mois. Ce sera long peut-être; cependant, si le zèle de nos enfants ne se refroidit pas, s'il trouve des imitateurs parmi des personnes plus âgées, nous marcherons lentement sans doute, mais nous finirons par arriver. Savez-vous, cousine Bernier, comment au moyen âge, dans ces temps où l'argent était bien plus rare qu'aujourd'hui, mais où la foi était beaucoup plus vive, on parvenait à construire ces magnifiques églises, ces grandes et merveilleuses cathédrales, dont l'aspect nous remplit d'admiration et de respect, et nous offre un éclatant témoignage de la piété de nos pères? Vous avez vu Saint-Bénigne et Notre-Dame de Dijon, qui peuvent vous en donner une idée; ce ne sont pourtant que des chapelles auprès des grandes cathédrales comme celles de Reims, de Strasbourg, de Rouen, de Paris, de Chartres, de Tours et de tant d'autres villes. Eh bien, la plupart de ces édifices ont été élevés par le concours des

fidèles de toutes les classes, qui y ont travaillé pendant un grand nombre de générations. Les riches seuls donnaient de
l'argent ; les artisans, les petits bour-
geois, les paysans, les laboureurs, les
ouvriers, les pauvres même apportaient leur
contingent à l'œuvre pieuse, les uns en y
consacrant plusieurs journées de travail, les
autres en fournissant les matériaux nécessaires à la construction, d'autres en voitu-
rant ces mêmes matériaux ; d'autres, qui
ne pouvaient fournir ni matériaux ni journées de travail, donnaient du blé, du vin,
des légumes, du lard pour la nourriture des
ouvriers, ou bien vendaient au marché ces
mêmes denrées et en versaient le prix dans
la caisse destinée au paiement des travaux ;
enfin on voyait jusqu'à des femmes et des
enfants, même de grandes dames, aider les
maçons, brouetter du sable et du mortier.
Voilà, ma cousine, comment dans ces siècles
de foi on parvenait sans argent, ou avec

peu d'argent, à faire des choses dont le prix nous effraierait, et que l'on ne pourrait songer à édifier aujourd'hui qu'en parlant de centaines de mille francs et même de millions. Nous sommes loin, il est vrai, de ces temps de ferveur religieuse ; mais cependant la foi n'est pas encore éteinte parmi nous, et quand je vois de jeunes enfants, comme les vôtres, ma cousine, donner l'exemple d'un généreux désinté-ressement pour l'honneur du culte divin, je commence à reprendre l'espoir que notre entreprise n'échouera pas. »

La conversation de l'instituteur et de sa cousine la maîtresse Bernier avait eu deux témoins, Joseph et Madeleine, les deux aînés de cette dernière, qui avaient écouté en silence, mais très-attentivement, les paroles du cousin Pascal. Joseph était oc-cupé à aiguiser des échalas pour les vignes, et sa sœur filait au rouet à côté de sa mère.

Quand l'instituteur eut fini de parler, il

y eut un moment de silence. Ce fut Madeleine qui le rompit. « Cousin Pascal, dit-elle, vous ne sauriez croire combien m'a fait plaisir ce que vous avez dit de mon petit frère Pierre; moi qui le croyais un gourmand, et qui lui disais : « Mais que veux-tu donc faire de tous les œufs que tu me demandes? » Ah! si j'avais su...

— Et qu'aurais-tu fait, dit la mère, si tu avais su? Il me semble que tu lui en donnais déjà bien assez sans ma permission...

— Ah! ma mère, interrompit vivement Madeleine, si j'avais su ce que petit Pierre voulait faire de ses œufs, je ne lui en aurais point donné du tout, mais je lui aurais dit : Je veux m'associer avec toi, avec Thérèse et avec Philippine, et je veux donner pour ma part quelque chose qui m'appartient bien aussi, et qui rapportera plus d'argent que vos œufs. Mais enfin, comme le disait le cousin Pascal, il n'y a pas de temps de perdu, et je puis tout aussi bien faire mon offrande plus tard.

— Et peut-on savoir, reprit la maîtresse Bernier, en quoi consiste le don que tu te proposes de faire?

— Oh! mon Dieu, je n'en fais pas mystère, à vous surtout, ma mère, car je n'ai pas l'habitude d'avoir rien de caché pour vous. Vous savez que ma marraine m'a donné dix livres de chanvre peigné pour le filer et m'en faire de la toile, m'a-t-elle dit, quand je me marierai. Depuis trois ans vous m'en avez donné pour le même usage environ deux livres par an, après le teillage, ce qui m'en fait en tout environ seize livres : eh bien, mon intention est d'en vendre quatre à cinq livres la première fois que nous irons au marché de Dijon, et d'en remettre le montant au cousin Pascal, pour ma souscription à moi toute seule, puisque je n'ai point d'associé.

— Ma fille, dit la mère, tu es la maî-

tresse de faire de ton chanvre ce que tu
voudras, car il est bien à toi, comme tu l'as
dit; seulement je te ferai observer que tu
diminueras d'autant ton trousseau de mariage.

— Eh! mon Dieu, je n'ai que dix-huit
ans, et je ne songe pas à me marier de sitôt.

— Sans compter, reprit l'instituteur, que
c'est quelque chose d'assez triste qu'un mariage sans carillon.

— Oh! ça, c'est vrai, appuya la maîtresse Bernier, et j'avoue que, quand il se
fait un baptême, un mariage, un enter-
rement sans que l'on entende le son des
cloches, il semble qu'il manque quelque
chose à la cérémonie; aussi, pour ma part,
je voudrais de tout mon cœur voir notre
pauvre *Philippine* remontée au clocher, car
je ne saurais m'accoutumer à ne plus entendre sonner l'*Angelus*, ni surtout à passer
les dimanches et les fêtes sans que la moindre
sonnerie vienne me réjouir l'oreille. Aussi

j'approuve complétement ce que feront Madeleine et les deux petits enfants, et je veux moi-même contribuer.

— Pas encore, interrompit l'instituteur, pas encore, ma cousine. Laissons faire d'abord les petits enfants, puis les jeunes filles comme Madeleine; nous ferons ensuite appel aux mamans, et même aux papas, si cela est nécessaire.

— Permettez, cousin Pascal, dit tout à coup Joseph en cessant d'aiguiser ses échalas : est-ce que les jeunes gens qui ne vont plus à l'école n'en seront pas, puisque les jeunes filles comme Madeleine en sont bien? »

Joseph était un jeune garçon de vingt ans, grand et beau garçon, bon travailleur, mais d'un caractère froid, et qui n'avait rien de la vivacité toute bourguignonne de ses deux sœurs et de son petit frère Pierre. Il parlait peu, et ses camarades l'avaient surnommé Joseph le Taciturne. Ceux qui ne

le connaissaient pas, ou qui ne le voyaient
que quelques instants, le croyaient un sot,
parce qu'il ne répondait qu'à peine et par
quelques monosyllabes aux questions qu'on
lui adressait; mais s'il n'avait pas la repar-
tie vive, il avait le jugement droit et sain ;
seulement il ne parlait qu'avec réflexion;
et alors on était étonné de la profondeur de
son bon sens et de la justesse de ses rai-
sonnements. Il avait fait, comme tous les
jeunes gens de son âge, ses études chez
M. Pascal; mais depuis qu'il avait cessé
d'aller à l'école, il avait lu beaucoup dans
ses moments de loisir, et il avait acquis
par l'étude et par les conseils de son cousin une foule de connaissances utiles à son
état d'agriculteur, ou propres à développer les facultés de son âme. Il écoutait
avec attention toutes les conversations qui
pouvaient lui offrir de l'intérêt, et ne prenait jamais la parole sans être interrogé;
aussi sa mère, sa sœur et l'instituteur fu-

rent-ils fort étonnés quand ils l'entendirent adresser la question que nous venons de rapporter.

« Et pourquoi donc, mon cher Joseph, s'empressa de répondre M. Pascal, les jeunes gens ne seraient-ils pas admis comme les jeunes filles à prendre part à cette œuvre? Je n'ai jamais rien dit de semblable, et je ne sais d'où peut te venir une pareille idée.

— Ah! voyez-vous, mon cousin, c'est que vous n'avez parlé que des petits enfants comme Pierre et Thérèse, et des jeunes filles comme Madeleine, et point des garçons.

— Allons, mon cher Joseph, je te reconnais bien là, et avec toi il faut avoir soin de mettre les points sur les *i*. Eh bien, si je n'ai parlé que des petits enfants et des jeunes filles, c'est parce qu'elles seules ont manifesté l'intention de prendre part à la souscription, et que jusqu'ici aucun garçon n'en a témoigné le désir; je ne demanderais pas mieux que de les compter aussi parmi nos souscripteurs. La question que tu viens de m'adresser me fait supposer que tu as l'intention de figurer un des premiers sur la liste. Voyons, quand faut-il t'inscrire, et pour quelle somme?

— Pas encore, cousin Pascal; j'ai mon idée; mais il faut que j'y réfléchisse, et quand elle sera mûre, je vous la communiquerai.

— Comme tu voudras, mon garçon, et je suis sûr d'avance que ce sera une bonne idée. Là-dessus, mes cousines, et toi, cousin Joseph, je vous souhaite le bonsoir. »

VI

Le livret de la caisse d'épargne.

Le succès dépassa les espérances de M. Pascal. Dès que l'idée de Philippine Richard fut connue de ses petites camarades, chacune voulut l'imiter; le petit Pierre, de son côté, stimulait les petits garçons de sa classe. On en parla dans les veillées de la maîtresse Bernier, et quoique celle-ci eût soin de répéter aux autres mamans ce que lui avait recommandé le cousin Pascal, de laisser les enfants libres, de ne point trop les exciter ni les retenir, chaque mère voulait que sa fille ou son fils ne restât point en arrière des au-

tres, et bientôt les œufs, le beurre, la vo-
laille, les légumes abondèrent.

M. Pascal, habitué à l'ordre, voulut ré-
gulariser tous ces dons, et établir une
comptabilité régulière. Petit Pierre, qui
avait une jolie écriture et qui calculait
très-bien, fut chargé de cette besogne pour
les classes des garçons, sous l'inspection,
bien entendu, et la direction de M. Pascal;
Philippine en fit autant pour la classe des
filles, sous le contrôle de l'institutrice. La
mère Richard, dont la probité était connue,
et qui jouissait, malgré sa pauvreté, de
l'estime générale, fut désignée pour être
garde-magasin des divers objets; et comme
on reconnut qu'il y aurait plus de bénéfice à
les vendre directement au marché que de
passer par l'intermédiaire du coquetier, elle
fut chargée de les porter elle-même au
marché de Dijon, où ces objets se ven-
draient mieux qu'au marché de Nuits. C'é-
tait plus loin, il est vrai; mais il y avait

toujours deux ou trois voitures des principaux fermiers de Prosny qui faisaient ce voyage toutes les semaines, et qui se chargeraient sans difficulté d'y transporter et d'en ramener la mère Richard.

La bonne femme était aidée dans sa besogne par sa fille Philippine, qui était en quelque sorte l'âme de cette entreprise. Cette enfant, quoique bien jeune encore, avait trouvé l'art de se faire aimer de ses compagnes et de toutes les autres filles de la commune plus âgées qu'elle : privilége bien rare parmi les jeunes personnes, et qu'elle devait à sa modestie, à sa douceur envers toutes ses camarades, et surtout à une sorte de désintéressement et d'abnégation qui la portait à s'occuper des autres plutôt que d'elle-même.

Quelquefois elle accompagnait sa mère au marché, et sans provoquer les acheteurs par des paroles ni par des gestes, et tout en rougissant jusqu'au blanc des yeux quand quelqu'un lui demandait le prix de son beurre ou de ses œufs, il arrivait cependant que ces jours-là la vente se faisait mieux et plus rapidement.

Ce n'étaient pas seulement les enfants de l'école qui fournissaient le magasin de la mère Richard; Madeleine Bernier lui avait confié la vente de six livres de chanvre, et bientôt toutes les autres jeunes filles du village s'étaient empressées de porter à leur petite Philippine (car elles parlaient plutôt d'elle que de sa mère), les unes du chanvre, les autres du fil, d'autres du lin, etc.

La comptabilité se compliquait, et le petit Pierre, malgré un adjoint que lui avait donné M. Pascal, avait peine à suffire à ce travail, quand l'instituteur imagina un moyen de le simplifier et en même temps de donner aux enfants une leçon d'ordre et d'économie : ce fut de verser à la caisse d'épargne de Dijon le montant de toutes les souscriptions qu'il avait reçues jusqu'à ce jour, et de donner à chaque enfant un livret de la caisse contenant la somme versée par lui. Comme il avait tenu une comptabilité régulière, et que chaque enfant avait un compte ouvert où se trouvait inscrit chaque versement qu'il avait fait, cette opération fut très-facile.

Les parents furent fort satisfaits de cette mesure, qui constatait d'une manière authentique le montant des économies faites par leurs enfants, qui leur en assurait le remboursement à volonté, avec intérêt, et qui, dans le cas où la souscription n'aurait pas l'effet qu'on s'en était proposé, garantissait que les sommes ne seraient pas perdues ni employées contre leur gré. La défiance est, dit-on, la mère de la sûreté; mais chez les paysans elle est poussée au delà de toutes limites, et il est toujours sage, autant que possible, de ne pas la provoquer. C'est ce que savait par expérience

M. Pascal, et c'était un des motifs qui l'a-
vaient déterminé à recourir à la caisse d'é-
pargne. Il eut bientôt lieu de s'applaudir de
son idée ; car plus d'un père de famille qui
n'avait jusque-là vu qu'avec indifférence,
peut-être même d'un œil assez mécontent,
la souscription à laquelle prenaient part ses
enfants, finit par les encourager lui-même,
et leur fournir de quoi augmenter leur cotisation.

M. Pascal était allé lui-même verser les
premiers fonds à la caisse d'épargne, et
prendre trente livrets au nom de ses élèves,
tant garçons que filles. Il y avait, il est
vrai, trente-huit enfants dans les deux
classes ; mais il n'avait pris qu'un seul livret
pour deux ou pour trois frères, ou pour un
frère et une sœur, en le mettant au nom de
l'aîné ; il n'y avait eu d'exception que pour
petit Pierre et sa sœur, qui eurent chacun
leur livret.

Chaque semaine, après le marché, la

3*

mère Richard, ou plutôt Philippine, qui
savait parfaitement calculer, établissait le
compte de ce qui revenait à chacun des
déposants, et elles le portaient ensemble à
la caisse d'épargne.

Or il arriva qu'un jour, pendant que la
mère et la fille étaient occupées à faire leur
versement pour les trente livrets, une dame
fort bien mise, suivie d'un domestique en
livrée, entra dans le bureau. À son aspect,
le directeur, le caissier, le commis, tout le
monde se leva. On s'empressa de lui offrir
un fauteuil, et M. le directeur lui demanda
ce qu'il y avait pour son service.

« Je suis venue, répondit-elle, pour
prendre deux nouveaux livrets de caisse
d'épargne au nom de deux pauvres ouvriers.

— Madame la comtesse, reprit le directeur, n'a qu'à nous remettre sa note, et
nous allons inscrire sur-le-champ les noms
de ses protégés et lui donner les livrets.

— Mais vous étiez occupé avec ces

femmes, dit-elle en montrant la mère Richard et sa fille; et, comme elles étaient ici avant moi, j'attendrai que vous ayez terminé leur affaire avant de vous occuper de la mienne.

— Madame la comtesse, répondit le directeur, cela sera peut-être un peu long. Ces femmes ont à régler une trentaine de livrets, tous par petites sommes...

— Eh bien! qu'est-ce que cela fait? interrompit la dame; ces femmes sont de la campagne, et par conséquent elles doivent être pressées de retourner chez elles, et moi, qui habite la ville, j'ai bien le temps d'attendre. De quel pays êtes-vous, ma brave femme? dit-elle en s'adressant à la mère Richard.

— De Prosny, Madame.

— De Prosny! Il y a trois grandes lieues d'ici là; et vous voudriez faire attendre ces braves gens! Allons, monsieur le directeur, expédiez-les, je vous prie, le plus promptement possible, et vous vous occuperez de moi ensuite. »

Force fut au directeur de reprendre son travail avec les deux paysannes, travail que Mme la comtesse parut suivre avec beaucoup d'attention : elle remarqua surtout avec quelle intelligence la jeune fille détaillait au commis les sommes appartenant à chaque livret, sommes qu'elle calculait rapidement sur un petit carnet de poche à l'aide d'un crayon qu'elle tenait à la main. En même temps elle fut frappée de la candeur, de la simplicité et de la grâce naïve et modeste qui régnaient dans toute sa personne. Quelle charmante enfant! se disait-elle tout bas, et que je serais heureuse d'avoir une fille qui lui ressemblât!

Quand Philippine eut terminé ses comptes, sa mère et elle se retirèrent après avoir fait une révérence à M. le directeur et à Mme la comtesse, et elles partirent sans s'occuper de cette rencontre.

Mais il n'en fut pas de même de la comtesse. Dès qu'elles furent sorties du bureau, elle adressa au directeur une foule de questions sur la mère et la fille, sur l'origine de ces trente livrets au compte desquels elles faisaient des versements. Le directeur répondit ce que lui en avait dit dans l'origine l'instituteur de Prosny; mais il ne put donner tous les détails qu'aurait exigés la comtesse; seulement il lui en dit assez pour exciter vivement son intérêt et sa curiosité, et pour la porter à faire de plus amples recherches.

Nous verrons plus tard quel en fut le résultat.

VI

L'idée de Joseph Bernier.

Huit jours après la visite que M. Pascal avait faite à la maîtresse Bernier, et dont nous avons parlé dans l'avant-dernier chapitre, Joseph Bernier alla trouver un soir l'instituteur, et lui demanda un entretien particulier.

« Je parie, dit l'instituteur en riant, que tu as mûri ton idée, et que tu viens m'en apporter le fruit.

— Pas encore le fruit, mon cousin, mais le germe bien disposé, je crois, à se développer, si vous voulez l'arroser de vos bons conseils.

— Allons, mon garçon, assez de métaphores comme cela. Arrive au fait; je
suis impatient d'apprendre de quoi il
s'agit.

— Vous savez, mon cousin, que M. Basaille a refusé formellement de souscrire
pour le rétablissement de la cloche; qu'il a
même fait tous ses efforts pour empêcher
les autres de prendre part à cette œuvre, et
que maintenant il fait toute sorte de plaisanteries sur le zèle déployé depuis quelque
temps par les enfants, en disant que la souscription sera bientôt morte, puisqu'elle est
tombée en enfance...

— Je sais tout cela, mon garçon : mais où
en veux-tu venir?

— Eh bien! que diriez-vous, mon cousin,
si je déterminais M. Basaille à devenir le
plus fort souscripteur de votre liste, ou du
moins, pour parler plus juste, à verser ou
à faire verser à la souscription une somme
plus forte que ne le pourrait faire aucun

autre habitant de la commune, comme trois à quatre cents francs, par exemple?

— Ma foi, mon garçon, je dirais que tu ferais un véritable miracle, et j'avoue que, si je ne te connaissais pas pour un garçon raisonnable et réfléchi, je croirais que tu as perdu la tête.

— Veuillez m'écouter, mon cousin, et vous verrez que mon idée est très-simple, et qu'elle peut avoir un plein succès sans le moindre miracle. Vous connaissez M. Beaucourt, le riche marchand de bois de Saint-Jean-de-Losne?

— Certainement je le connais, et depuis bien des années.

— Eh bien! il a acheté, ou plutôt il est sur le point d'acheter la coupe du bois de la Combe-au-Poirier, appartenant à M. Basaille; une seule circonstance l'arrête; il consent à payer le prix de sept mille cinq cents francs demandé par Basaille, mais à condition que celui-ci rendra viable le che-

min rural du village de Prosny à la Combe-
au-Poirier. Basaille, à qui l'on demande six
cents francs pour la construction de ce chemin, aurait volontiers donné cent francs,
comme vous le savez, si la commune avait
voulu s'en charger ; mais, n'ayant pu déterminer le conseil municipal à faire ce sacrifice, il voulait engager M. Beaucourt à
faire le chemin à ses frais, consentant dans
ce cas à une diminution sur le prix de sa
coupe de bois; mais cette diminution, il
ne veut la faire que de trois à quatre cents
francs au plus, et comme il en faut six cents,
d'après le devis de l'agent voyer, ils ne
peuvent se mettre d'accord. Alors, voici
ce que j'ai imaginé. J'ai examiné avec soin
les travaux à exécuter pour rendre ce chemin praticable; je me suis rendu compte
des nivellements qu'il y aurait à faire, des
tranchées à creuser, des remblais nécessaires
pour remplir le creux de la Combe-au-Poirier, qui est le passage le plus difficile du

chemin, où les roues enfoncent jusqu'aux
moyeux, et où il faut quatre chevaux pour
traîner la charge d'un seul. Après avoir
tout vu, tout bien calculé, je me suis convaincu qu'un certain nombre d'hommes de
bonne volonté pourraient facilement et en
peu de temps exécuter cette besogne, en
n'y employant seulement que les journées
d'hiver, pendant lesquelles les travaux des
champs ne nous réclament pas. J'en ai parlé
à mon père et à plusieurs de mes camarades,
en leur faisant entendre que la réparation
de ce chemin n'était pas seulement utile
à M. Basaille, mais qu'une grande partie
de la commune y était intéressée, d'abord
parce qu'il y a plusieurs domaines appartenant à divers particuliers qui bordent une
partie de ce chemin, et qu'il sera plus facile
de défruiter par là que par la voie ordinaire. Puis, pour exploiter son bois, pour
le transporter quand il sera façonné, M. Beaucourt aura besoin de charretiers ; il prendra

naturellement ceux de la commune, et, si le chemin est en état, il y aura bon nombre de charrois à exécuter pour l'hiver prochain, ce que l'on pourra faire sans s'exposer, comme aujourd'hui, à briser les voitures, à casser les harnais et à estropier les chevaux. Enfin j'ai dit que pour ce travail nous nous contenterions des trois à quatre cents francs sur lesquels ils sont d'accord, et que cette somme serait versée à la souscription pour la cloche. Comprenez-vous maintenant, mon cousin, comment j'entends faire de M. Basaille le plus fort souscripteur de votre liste ?

— Je comprends parfaitement, mon garçon, et je trouve ton plan on ne peut mieux imaginé ; mais ne te fais-tu pas d'illusion quand tu penses que tu trouveras assez de bras de bonne volonté pour une besogne aussi importante ? Nos paysans n'aiment guère à travailler gratis, et tu sais les difficultés que M. le maire rencontre quand il

s'agit des prestations en nature pour les che-
mins vicinaux.

— Permettez, mon cousin ; quand il
s'agit de prestations en nature, c'est un
véritable impôt forcé, et qui rappelle les
anciennes corvées, pour lesquelles on a
conservé dans nos campagnes une répu-
gnance traditionnelle ; mais ici c'est bien
différent, c'est volontairement que nous
irons tous à ce travail : les uns parce qu'ils
y verront les intérêts de la commune, les
autres parce qu'ils y trouveront un moyen
de pourvoir au rachat de la cloche sans
bourse délier, presque tous pour faire pièce
à M. Basaille, et le faire souscrire malgré
lui à cette œuvre. Enfin croyez bien, mon
cousin, que je ne suis pas venu vous parler
à la légère de cette affaire, et sans m'être
assuré des moyens d'exécution. D'abord,
rien que chez nous nous sommes quatre,
mon père, nos deux garçons de ferme et
moi ; plus une voiture et deux chevaux.

pour transporter les matériaux. Chez maître Pommerel, le père et les deux fils; chez Louis Raimbault, deux terrassiers et un charretier; enfin, pour abréger et sans vous les nommer tous, je puis compter jusqu'à présent sur dix charrettes ou chariots et sur trente-deux bons terrassiers, brouetteurs, casseurs de pierres, etc., et je suis sûr que, quand la chose sera en train, nous irons bien à plus de cinquante. Ah! j'oubliais : le père Michoulin, le maître maçon, s'est offert à construire gratuitement les ponceaux, les caniveaux et tout ce qui concerne sa partie, pourvu qu'on lui fournisse gratuitement les matériaux.

— Ma foi, mon garçon, je te fais mon compliment, et je commence à croire que ton projet n'est pas aussi fantastique que je l'avais jugé d'abord. Maintenant qu'attends-tu pour te mettre à l'œuvre?

— J'attends, mon cousin, que vous ayez approuvé le plan que j'ai fait et mes calculs, et c'est là aussi ce qu'attendent tous les paysans pour se déterminer. Vous savez, mon cousin, quelle confiance les habitants de cette commune ont en vous; eh bien! tous ne cessent de me dire : « Tes plans, tes idées nous paraissent bien; mais M. Pascal les connaît-il? les a-t-il approuvés? » Et puis il faudra bien que quelqu'un se charge de la direction des travaux; vous comprenez que moi, je suis trop jeune pour que l'on m'écoute; d'ailleurs je serais fort embarrassé.... Enfin il faut avant tout que quelqu'un d'autorité, comme M. le maire ou vous, vous vous entendiez avec M. Beaucourt et M. Basaille.

— Allons, je vois avec plaisir, mon cher Joseph, que tu as pensé à tout, même à moi; tu peux compter que je ne te ferai pas défaut dans cette occasion; demain matin de bonne heure viens me trouver; tâche d'amener avec toi Louis Raimbault et Charles Pommerel, tes deux camarades, et même quelques autres si tu en peux recruter, et nous irons sur le terrain vérifier tes plans et tes calculs. Après nous être assurés de la possibilité d'établir le chemin aux conditions et par les moyens que tu crois praticables, nous entrerons en pourparler avec M. Beaucourt et M. Basaille. »

Le lendemain, l'instituteur, Joseph et une dizaine de jeunes gens et d'habitants du village se rendirent sur le chemin de la Combe-au-Poirier. Les jeunes gens étaient tous d'anciens élèves de M. Pascal, et ils avaient reçu de lui des leçons d'arpentage et des notions élémentaires de géométrie; ils étaient par conséquent en état de l'aider et de comprendre ses opérations. Leur résultat ne fit que confirmer les calculs de Joseph, sauf quelques légères erreurs dues à l'imperfection des instruments dont il s'était servi, et qui furent facilement rectifiées.

Ces opérations terminées, M. Pascal se rendit chez le maire, et, après qu'il lui eut fait part du projet en question, tous deux allèrent trouver M. Basaille, et lui demandèrent s'il voulait toujours consentir à donner cent francs pour la réparation de son chemin, ce qui, avec les trois cents francs que donnerait M. Beaucourt, ferait une somme de quatre cents francs, au moyen de laquelle la commune se chargerait de mettre le chemin de la Combe-au-Poirier dans un bon état de viabilité avant la fin de l'hiver.

« Ah! ah! dit M. Basaille, vous avez donc enfin reconnu, comme moi, qu'un chemin était plus utile qu'une cloche, et vous voilà revenus à mon avis! Vous allez probablement employer à ces travaux l'argent que vous avez déjà reçu de vos souscriptions enfantines et autres, et vous ferez bien. Je ne me dédis pas de ce que j'ai promis, et je suis toujours prêt à verser la somme de cent francs ; mais alors il est juste que je reçoive intégralement les trois cents francs que M. Beaucourt avait promis pour ce travail, puisque vous vous en chargez.

— Non pas, non pas, s'écria M. Pascal, les quatre cents francs doivent être comptés à la commune, autrement nous ne nous chargerons pas du chemin. »

Enfin, après une longue discussion qui dura plus d'une heure, il fut convenu que, sur les sept mille cinq cents francs que M. Beaucourt devait payer à Basaille comme prix de la coupe de bois, il remettrait à M. le maire de Prosny une somme de quatre cents francs pour paiement des travaux à exécuter à l'effet de mettre le chemin de la Combe-au-Poirier dans un état de viabilité parfaite.

On dressa de ces conventions un acte, qui fut ratifié quelques jours après par M. Beaucourt.

Le maire et l'instituteur quittèrent M. Basaille encore persuadé qu'on avait renoncé à la souscription pour la cloche, et que les quatre cents francs serviraient à payer les travailleurs employés à la confection du chemin.

Ce fut un grand sujet de joie dans le village quand on apprit cet arrangement. On se mit presque immédiatement à l'œuvre, sous la direction de M. Pascal, qui avait nommé Joseph son premier piqueur. Un grand nombre de femmes et d'enfants voulurent aider les travailleurs, en brouettant des terres, en ramassant des cailloux, que l'on portait pour empierrer la nouvelle route. Tous ces travaux s'exécutèrent avec une ardeur et un entrain prodigieux, et furent terminés à la fin de février.

M. Beaucourt, après avoir reconnu que le chemin était parfaitement conditionné, selon toutes les règles de l'art, remit

quatre cents francs à M. le secrétaire de
la mairie, qui, selon l'intention des travailleurs, les porta à la caisse de la souscription.

Le soir il y eut grande fête à la veillée chez la maîtresse Bernier. Les jeunes
gens du village apportèrent un bouquet à
leur piqueur Joseph, et à leur conduc-
teur en chef, M. Pascal. On chanta et l'on
dansa des rondes, comme si la nouvelle
Philippine eût déjà babillé dans le clocher.

VIII

Désintéressement de Joseph Bernier.

Dans le mois de mars, la reprise des travaux des champs et les opérations de la conscription vinrent faire une diversion à la grande affaire qui occupait les esprits à Prosny.

Cinq jeunes gens de la commune, au nombre desquels était Joseph, devaient tirer au sort, et par conséquent cinq familles étaient dans une inquiétude mortelle.

Enfin le jour fatal arriva. Quatre des conscrits de Prosny amenèrent de bons nu-

méros. Un seul fut desservi par le sort :
c'était Joseph Bernier.

Sa famille était consternée; tout le village même prenait part à sa douleur. Cependant on se disait tout bas : Après tout,
il vaut mieux que ce soit lui qu'un autre;
ils ont le moyen de le racheter.

Le lendemain du tirage, Joseph Bernier
vint trouver son cousin Pascal. Il était sérieux comme d'habitude; mais, loin d'être
plus triste, il avait dans la physionomie
quelque chose de gai qui ne lui était pas
ordinaire. M. Pascal en fit la remarque, et
lui dit : « En vérité, mon cher Joseph, on
ne dirait pas à te voir que tu aies eu si peu
de chance hier.

— Que voulez-vous, mon cousin? quand
je me désolerais, ça ne pourrait rien changer à la chose.

— Cela est vrai, et je suis bien aise de
te voir prendre ton parti aussi philosophi-
quement; mais c'est ton père et ta mère

que cela va bien gêner pour t'acheter un remplaçant.

— Cela me fait aussi de la peine pour eux; non pas à cause du remplaçant, car il ne leur coûtera pas cher. J'ai pris mon parti d'une manière bien arrêtée; et voilà ce qui fait que je vous ai paru plus gai que de coutume, car rien ne me rend soucieux comme l'indécision.

— Ah çà! quel galimatias me fais-tu là? J'avoue que je n'y comprends pas un mot.

— Eh bien, mon cousin, vous allez me comprendre. Je suis décidé à partir; ainsi mes parents n'auront point de remplaçant à m'acheter.

— A partir! y penses-tu? Ton père m'a encore dit hier soir qu'il allait s'occuper de te chercher un remplaçant.

— Et moi, aujourd'hui, je vais lui dire que c'est inutile.

— Mais songe que, si tu pars, ton père sera obligé de louer un garçon de ferme de plus pour le remplacer, et un étranger pourra-t-il jamais tenir la place du fils de la maison? Ne vaut-il pas bien mieux que tu aies un remplaçant à l'armée qu'à la ferme?

— J'ai prévu tout cela, mon cousin; car vous savez que je n'ai pas l'habitude de faire les choses sans réfléchir. Veuillez m'écouter deux minutes, et vous me direz après si j'ai tort.

« D'abord un remplaçant coûtera fort cher à mon père, et dans ce moment-ci personne ne sait mieux que moi combien nous sommes gênés. Nous avions eu l'idée, il est vrai, de mettre, entre nous cinq conscrits de Prosny, une somme de cinquante francs chacun, qui devait appartenir à celui ou à ceux qui tomberaient au sort. C'était le produit de nos petites économies : et même c'est ce qui nous a empêchés de souscrire pour la cloche, car nous ne voulions pas toucher à cette somme. Au-

jourd'hui c'est moi qui l'ai gagnée; mais
cela fait seulement deux cent cinquante
francs, et un remplaçant coûte plus de deux
mille francs. Mon père n'a guère que mille
francs de disponible, et il comptait, si je ne
tombais pas au sort, employer cette somme
à doter ma sœur Madeleine, pour laquelle
il s'offre un bon parti. S'il m'achète un
remplaçant, il sera obligé, non-seulement
d'employer ces mille francs et de ne pas
marier ma sœur, mais encore d'emprunter
mille à douze cents autres francs à de gros
intérêts; et vous savez, mon cousin, combien il est dangereux pour un cultivateur
de s'endetter. Si je pars, au contraire, mon
père ne contracte pas d'emprunt; il marie ma sœur, la somme même qu'il lui
donne en dot ne sort pas de la maison,
car celui qu'elle épousera viendra habiter
chez nous, et me remplacera par le travail; vous voyez donc que j'aurai pour
remplaçant dans ma famille, non pas un

garçon de ferme, mais un beau-frère, et de plus un excellent cultivateur et un bien bon sujet; car c'est Charles Pommerel, mon camarade d'enfance et mon meilleur ami.

— Sans doute, reprit l'instituteur, ce mariage est parfaitement convenable sous tous les rapports; mais est-il nécessaire pour qu'il s'accomplisse que tu fasses le sacrifice que tu veux t'imposer? Admettons qu'en te rachetant ton père ne pût pour le moment songer au mariage de ta sœur; ne pourrait-il pas se faire plus tard? car Madeleine et Charles sont encore assez jeunes pour attendre quelques années.

— Il vaut mieux, répliqua Joseph, qu'il se fasse plus tôt que plus tard; car vous savez, mon cousin, que bien souvent un mariage retardé est un mariage rompu.

— Cela s'est vu quelquefois; cependant ne crains-tu pas de te repentir plus tard de

ton dévouement? Je n'ai jamais remarqué
en toi de goût pour l'état militaire, et
c'est un rude métier quand on y entre sans
vocation.

— C'est ce qui vous trompe, mon cousin;
il y a longtemps, au contraire, que je désire
être soldat, au moins pendant quelques
années et pour voir du pays. Je ne me
serais pas engagé volontairement, si le sort
ne m'eût pas appelé à partir; mais c'eût été
uniquement pour ne pas affliger mes parents. J'étais même résolu, si Charles Pommerel fût tombé au sort, et que j'eusse
amené un bon numéro, de partir à sa place,
afin de ne pas faire manquer le mariage de
ma sœur. C'est alors qu'on aurait dit que
j'y mettais trop de dévouement; ma sœur
elle-même s'y serait opposée; Charles
Pommerel, ma mère, mon père, tout le
monde aurait cherché à m'en détourner,
et cependant ma résolution était prise
comme elle l'est aujourd'hui. Mais le bon

Dieu a bien arrangé les choses, maintenant je pars pour mon propre compte, j'épargne à mon père un emprunt ruineux, et le meilleur de mes amis devient mon frère. Tout cela est si naturel, que je ne vois pas ce qu'on peut y trouver d'extraordinaire. »

M. Pascal écoutait Joseph avec une admiration contenue. Ce désintéressement si simple, si modeste, qui redoutait surtout les éloges, lui montrait tout ce qu'il y avait de noblesse et de bons sentiments dans ce cœur recouvert en apparence d'une enveloppe froide et glacée. Il lui prit la main, qu'il serra avec effusion, et lui dit :

« Bien, mon cher Joseph; je vois avec bonheur que ce n'est pas légèrement que tu as formé cette grande résolution; maintenant que ton parti est bien pris, je l'approuve, et je suis persuadé que Dieu l'approuve aussi et te bénira. Tu as tout ce qu'il faut pour réussir dans l'état militaire, et je suis convaincu que tu y feras ton chemin.

— Oh ! mon cousin, toute mon ambition serait de revenir au pays, comme vous, avec les galons de sergent-major. Mais laissons là l'avenir, et occupons-nous du présent. Je vous ai dit, mon cousin, que j'avais gagné deux cent cinquante francs à la loterie de la conscription. Si mon père avait dû m'acheter un homme, je lui aurais donné cette somme pour l'aider un peu ; mais comme je pars, il n'en a pas besoin, et voici comment j'ai décidé d'en disposer : Je garde cinquante francs pour moi ; je donne cent francs à ma sœur comme cadeau de noces, et je vais vous remettre les cent autres francs pour la souscription de la cloche.

— Mais, mon ami, reprit l'instituteur, permets-moi de te faire observer qu'un soldat a toujours besoin d'argent, et que tu ferais mieux de garder toute cette petite

somme pour toi. Ta sœur n'en a pas besoin, et tu lui fais déjà un assez beau cadeau
de noces en lui donnant pour sa dot la
somme réservée pour t'acheter un remplaçant. Quant à la souscription pour la cloche,
elle est maintenant en bonne voie ; il paraît
que l'histoire de cette souscription est parvenue, je ne sais comment, à l'évêché,
et que des personnages haut placés s'y in-
téressent ; on pourra donc se passer de la
somme que tu veux offrir. D'ailleurs, n'as-tu
pas assez fait pour cette œuvre ? N'est-ce
pas à toi que l'on doit les quatre cents
francs provenant du chemin de la Combe-
au-Poirier ?

— Oui, à moi, et à cinquante autres
qui y ont travaillé avec moi, répliqua vivement Joseph. Tenez, mon cousin, con-
tinua-t-il avec fermeté, c'est encore ça
mon idée, et vous ne m'en ferez pas dé-
mordre. Vous me dites qu'on a toujours
besoin d'argent quand on est soldat ; c'est

possible, pour ceux à qui il faut une foule
de choses superflues ; mais moi, vous savez
que je n'ai pas été élevé dans la mollesse,
et mes goûts sont modérés. Je ne vois pas,
quand le gouvernement vous paie, vous
nourrit, vous habille et vous loge, de quoi
on peut avoir besoin ; et cinquante francs
me suffiront et au delà pour mes dépenses
imprévues. Je tiens depuis longtemps à faire
une offrande pour votre cloche, et je suis
un peu entêté, vous le savez. L'occasion
s'en présente, et je la saisis avec empresse-
ment ; d'ailleurs, je crois que cela me por-
tera bonheur. D'un autre côté, vous dites que
la souscription marche bien, tant mieux ;
mais il me tarde que la somme entière soit
réalisée, parce qu'il y a deux choses que je
tiens à voir avant mon départ pour l'armée : le baptême de notre nouvelle cloche,
et le mariage de ma sœur. Or vous vous
rappelez que Madeleine a dit devant vous
qu'elle ne se marierait que quand il y au-

rait une cloche pour carillonner à ses noces ; et elle le fera comme elle l'a dit, car
elle est entêtée aussi, ma sœur : cela tient
de famille. Ainsi ma souscription ne peut
que servir à avancer cette double fête,
dont vous ne voudriez pas que je fusse
privé. »

Il n'y avait plus d'objection à faire.
M. Pascal accepta les cent francs, et Joseph
alla annoncer sa résolution à sa famille. Il
y eut bien des observations, bien des pleurs,
bien des lamentations ; mais la volonté
froide et calme, soutenue par un raison-
nement serré, triompha de tous les obs-
tacles.

IX

Un bienfaiteur inconnu.

Quelques jours avant la visite de Joseph
Bernier à M. Pascal, M. le curé de Prosny
avait reçu du sécretaire de Mgr l'évêque de
Dijon une lettre dans laquelle il lui disait que Sa Grandeur ayant entendu parler
d'une souscription ouverte dans la paroisse
de Prosny pour le rachat d'une cloche, et
de la part active qu'y prenaient les enfants
des écoles ainsi que les jeunes gens de l'un
et de l'autre sexe, elle désirait avoir des
renseignements positifs à cet égard, ainsi
que le montant exact auquel s'élevait actuel-

lement la souscription; l'intention de Monseigneur, ajouta-t-il, est de transmettre ces renseignements à une personne fort riche et fort charitable qui paraissait prendre le plus vif intérêt à cette œuvre.

C'était à cette lettre qu'avait fait allusion M. Pascal dans son entretien avec Joseph.

M. le curé, comme on le pense bien, s'était empressé d'y répondre, et avait donné tous les détails qu'on lui demandait. Il avait fait surtout l'éloge de la jeune Philippine Richard, à qui était due l'idée première d'une cotisation volontaire des enfants, idée qui avait excité le zèle des jeunes gens des deux sexes; enfin il avait parlé de l'ingénieux moyen imaginé par Joseph Bernier pour obtenir une somme de quatre cents francs à la souscription, et du succès qu'avait eu cette idée.

Huit jours après, M. le curé reçut une nouvelle lettre de l'évêché, dans laquelle on l'engageait à envoyer à Dijon une personne munie de pouvoirs nécessaires pour régler les livrets de caisse d'épargne pris par les enfants de la paroisse, et réclamer tout ou partie des fonds déposés, selon la volonté des déposants ou de leurs parents.

Cette lettre, ne donnant aucun autre détail, intrigua fort les habitants de Prosny, et surtout M. Pascal.

Que signifie, se disait-il, cette espèce d'injonction de régler les livrets et de retirer les fonds, quand la souscription est encore loin d'avoir atteint la somme dont on a besoin?

En effet, le montant de tous les livrets ne s'élève qu'à 422 francs 55 centimes. Avec les 400 francs produit du chemin de la Combe-au-Poirier, les 100 francs promis par les quatre premiers souscripteurs, et les 100 francs versés ces jours derniers par Joseph Bernier, on n'arrive qu'à un total de 1,022 francs 55 centimes, et il manquera encore 477 francs 45 centimes pour arriver au chiffre de 1,500 francs.

Monseigneur aurait-il été mécontent du mode de placement que j'avais indiqué ? La nouvelle lettre de son secrétaire ne s'explique pas là-dessus ; elle est même assez sèche ; elle ne contient pas un mot d'éloge pour la conduite pourtant si belle de nos enfants et de nos jeunes gens. Elle ne parle pas non plus de la personne *riche et charitable* qui, disait-on, prenait intérêt à notre œuvre. Il y a là un mystère qu'il me tarde d'éclaircir.

Le lendemain, de bonne heure, M. Pascal arrivait à Dijon, et entrait à la caisse d'épargne au moment même de l'ouverture du bureau. Il s'était muni d'une procuration en règle des parents des jeunes déposants, et s'était fait accompagner de la mère Richard et de sa fille, qui, ayant été chargées des versements partiels et successifs depuis le dépôt primitif qu'il avait effectué lui-même, seraient peut-être à même de fournir des renseignements, s'il en était besoin.

Dès que le directeur les aperçut, il dit :

« Ah! voici Philippine Richard et sa mère; mais je ne vous attendais pas aujourd'hui; ce n'est pas votre jour ordinaire de dépôt; j'attendais, au contraire, quelqu'un de votre commune pour régler vos livrets.

— Nous n'apportons rien non plus aujourd'hui, répondit la mère Richard, nous avons accompagné M. Pascal, qui vient effectivement régler avec vous.

— Ah! je reconnais Monsieur, reprit le directeur : n'est-ce pas vous qui êtes instituteur à Prosny, et qui êtes venu prendre des livrets au nom d'un certain nombre d'enfants de votre commune ?

— Oui, Monsieur, et même je vous ai dit dans quel but ces dépôts étaient effectués ;

vous savez, par conséquent, que le chiffre auquel nous voulions arriver est encore loin d'être atteint, et je m'étonne qu'il soit question déjà de régler les livrets.

— Vous croyez, reprit en souriant le directeur, que votre chiffre n'est pas encore atteint! et si je vous prouvais, monsieur Pascal, que, tout instituteur que vous êtes, vous vous trompez dans votre calcul! Tenez, examinez ceci, ajouta-t-il en prenant sur sa table un grand tableau à colonnes, tout préparé d'avance et portant en tête ces mots :

Compte des sommes déposées à la caisse d'épargne de Dijon, pour les enfants de la commune de Prosny, et inscrites sur leurs livrets.

Venaient ensuite les numéros des trente livrets, avec les noms des enfants, les sommes partiellement versées, le total de chaque livret, et enfin le total général.

A peine M. Pascal eut-il jeté un coup

4*

d'œil sur ce tableau qu'il s'écria d'un air stupéfait :

« Ah ! Monsieur, m'expliquerez-vous cette énigme ? Je vois au compte de chaque déposant 30 francs de plus qu'il n'a versé, et 300 francs à celui de Philippine Richard ; ce qui fait au total général 1,622 francs 55 centimes, au lieu de 422 francs 55 centimes que nous avons effectivement versés.

— Vous voyez, Monsieur, répondit tranquillement le directeur, que le chiffre que vous vouliez atteindre est dépassé, et que l'on a eu raison de vous prévenir de venir régler vos comptes... Mais je vais faire cesser votre surprise. Une personne qui désire rester inconnue a voulu prendre part à l'œuvre du rétablissement de votre cloche. Elle vous aurait bien adressé directement les fonds, mais elle a préféré s'associer à la bonne action des enfants, en employant leur intermédiaire pour faire son offrande ; elle n'a rien trouvé de mieux alors que de répartir cette offrande sur chaque livret ; seulement elle entend qu'il ne soit pris sur le total général que la somme qui, jointe aux autres souscriptions déjà reçues, sera nécessaire pour couvrir les frais du rachat de la cloche et les dépenses accessoires ; quant à ce qui restera après ce prélèvement, elle entend qu'il soit maintenu sur les livrets des enfants de Prosny, qui continueront à y placer leurs petites économies pour leur propre compte. Ainsi, à combien se montent vos souscriptions particulières, en dehors des livrets ?

— A six cents francs, répondit l'instituteur.

— Alors c'est 900 francs que je vais vous donner sur les 1,622 francs 55 centimes que j'ai en caisse. Quant aux 722 francs 55 centimes restants, 300 francs seront portés, selon l'intention de la donatrice, sur le livret de Philippine Richard, et le reste sera réparti sur chacun des autres déposants.

— Monsieur le directeur, s'écria la mère Richard, qui avait écouté attentivement ces explications, quelle est donc cette brave personne, je vous en prie, que nous allions, ma fille et moi, la remercier comme elle le mérite, et prier le bon Dieu pour elle?

— Ma bonne femme, je ne puis vous dire le nom de cette personne; mais priez toujours pour elle; si vous ne la connaissez pas, le bon Dieu la connaît, et vos prières ne seront pas perdues. »

En sortant de la caisse d'épargne, M. Pascal courut à l'évêché et se présenta au secrétaire de Monseigneur, espérant avoir de ce côté plus de renseignements. Mais le secrétaire fut tout aussi discret que le directeur; il se borna à dire à M. Pascal :

« Maintenant que vous avez de quoi rétablir votre cloche, occupez-vous-en sans perdre de temps, et tâchez qu'elle puisse sonner au plus tard pour la Fête-Dieu. »

L'instituteur suivit ce conseil, et, avant

de quitter Dijon, il avait fait marché avec un fondeur de cette ville.

En retournant à Prosny, la mère Richard ne cessait de répéter :

« Mon Dieu, que je voudrais donc bien connaître cette personne !... C'est probablement cette comtesse que nous avons rencontrée un jour au bureau : t'en souviens-tu, Philippine ?

— Oui, ma mère, et je le pense comme vous. »

Mais elles n'eurent jamais que des soupçons, et le nom de la bienfaitrice est toujours resté ignoré des habitants de Prosny.

X

Baptême de la nouvelle cloche.

Un mois après, le village de Prosny était
en grande fête; on allait bénir la nouvelle
cloche. Le choix du parrain et de la marraine avait quelque temps agité les esprits.
Comme il est d'usage de les choisir parmi
les plus hautes notabilités de la paroisse,
on avait d'abord pensé à M. le maire et à
madame son épouse; il avait été aussi question du percepteur et du médecin : maître
Basaille ne s'était-il pas avisé de se mettre
sur les rangs, comme le plus riche de la
commune? Un immense éclat de rire ac-
cueillit cette prétention.

Charles Pommerel fit cesser toute indécision en disant un jour au milieu d'une
nombreuse réunion :

« Je ne conçois pas que nous soyons
embarrassés pour le choix d'un parrain
et d'une marraine : n'est-il pas naturel de
déférer cet honneur à ceux qui ont le plus
contribué à nous rendre notre cloche ? Ainsi
il appartient de droit à Philippine Richard
et à Joseph Bernier. Remarquez encore,
ajouta-t-il, qu'en choisissant Philippine
pour marraine, elle conservera à notre
cloche le nom sous lequel elle est connue
depuis des siècles.

— C'est vrai ! c'est vrai ! » s'écria-t-on.

Et aussitôt il fut décidé à l'unanimité que
Joseph et Philippine seraient parrain et
marraine de la cloche.

Joseph accepta avec reconnaissance et
avec sa froideur ordinaire ce témoignage
d'estime de ses compatriotes.

La mère Richard était dans une joie déli-

rante. Sa fille était plus rouge et plus timide
que jamais, et elle aurait refusé cet honneur sans les instances et les encourage-
ments de son amie Thérèse Bernier.

Le petit Pierre servit comme enfant de
chœur à la cérémonie, dont il suivait les
détails avec le plus vif intérêt.

Le lendemain de la bénédiction de la
cloche, eut lieu le mariage de Charles Pommerel et de Madeleine Bernier. La jeune
mariée regardait sans doute comme un heureux présage que la cloche carillonnât pour
la première fois à ses noces; cependant elle
était triste, car son frère devait partir le
jour suivant.

Joseph se mit effectivement en route,
mais au milieu de la nuit, et sans avoir
voulu dire adieu à personne.

CONCLUSION

Mariage du parrain et de la marraine.

Sept ans après, Joseph Bernier revenait à Prosny, portant, comme son cousin Pascal, les galons de sergent-major, et, de plus, la croix d'honneur, qu'il avait gagnée en Afrique. Il était aimé de ses chefs, et il était désigné pour passer officier; mais la mort de son père, survenue à cette époque, l'empêcha de suivre la carrière militaire, qui lui plaisait assez.

Il revint donc au pays pour aider sa mère et se mettre à la tête des affaires de la ferme. Au bout de quelques mois, sa mère lui dit :

« Mon garçon, tu devrais te marier.

— Je le veux bien, répondit-il; mais choisissez vous-même la femme que j'épouserai, car depuis sept ans que j'ai quitté le pays, je n'y connais plus personne.

— Eh bien, Philippine Richard, ta commère, te conviendrait-elle?

— Oui, ma mère; mais elle me trouvera peut-être trop vieux.

— Trop vieux! tu n'as que vingt-huit ans, et elle en a vingt et un. »

Et la maîtresse Bernier alla trouver la mère Richard, et tout fut bientôt convenu.

Cela fit jaser dans le village. Beaucoup de mères avaient compté marier leur fille à Joseph, et elles ne comprenaient pas, disaient-elles, que la maîtresse Bernier, qui pouvait prétendre pour son fils aux meilleurs partis de la commune, eût choisi pour bru la plus pauvre du village.

Ces propos revinrent aux oreilles de la veuve Bernier :

« C'est vrai, répondit-elle, que j'aurais pu trouver pour mon fils une fille plus riche que Philippine; mais je n'en aurais certainement pas trouvé une plus vertueuse. »

Le mariage se fit en dépit des jalouses. La mère Richard semblait rajeunie de vingt ans. Thérèse Bernier, heureuse de voir sa meilleure amie devenir sa sœur, l'accompagnait en qualité de fille d'honneur. Petit Pierre, que l'on continuait de qualifier de cette épithète, quoiqu'il fût maintenant un grand garçon de dix-huit ans, remplissait avec ravissement et un certain orgueil les fonctions de garçon d'honneur, et jamais la nouvelle *Philippine* ne carillonna si joyeusement que pour les noces de son parrain et de sa marraine.

FIN

TABLE

6872. — Tours, impr. Mame.

www.ingramcontent.com/pod-product-compliance
Lightning Source LLC
Chambersburg PA
CBHW060146100426
42744CB00007B/916